Kurt Reumann
Der erste grüne Professor

Theologie/Religionswissenschaft, Band 20

Kurt Reumann

Der erste grüne Professor

Martin Luther und sein Doktorvater
Andreas Karlstadt

Frank & Timme
Verlag für wissenschaftliche Literatur

Umschlagabbildung: Andreas Bodenstein – Portrait aus einem Basler Gedenkblatt von 1541/1542

ISBN 978-3-7329-1020-5
ISBN E-Book 978-3-7329-8914-0
ISSN 1862-6157

© Frank & Timme GmbH Verlag für wissenschaftliche Literatur
Berlin 2024. Alle Rechte vorbehalten.

Das Werk einschließlich aller Teile ist urheberrechtlich geschützt.
Jede Verwertung außerhalb der engen Grenzen des Urheberrechtsgesetzes ist ohne Zustimmung des Verlags unzulässig und strafbar.
Das gilt insbesondere für Vervielfältigungen, Übersetzungen,
Mikroverfilmungen und die Einspeicherung und Verarbeitung in
elektronischen Systemen.

Herstellung durch Frank & Timme GmbH,
Wittelsbacherstraße 27a, 10707 Berlin.
Printed in Germany.
Gedruckt auf säurefreiem, alterungsbeständigem Papier.

www.frank-timme.de

Inhaltsverzeichnis

Glaubensbekenntnis 9

Die Nase im Wind 11

Der erste grüne Professor 14

Ablasshandel: Sobald das Geld im Kasten klingt 15

Sola gratia 17

Statt eines kleinen Feuers ein Weltbrand 19

Disputieren oder kapitulieren 21

Auf den Knien 23

„Ich will mit dieser Bestie nicht mehr sprechen!" 26

Luther ohne Land 28

Der unehrliche Makler 30

Kaiserwahl 33

Kurfürst Friedrich der Weise 34

Carlos von Spanien und die reichen Fugger 36

Karl und das Gold der Inkas **39**

Diese „verdammte Fuckerei"! **42**

Mit bewaffneten Scholaren zum Streitgespräch **44**

Nicht Petrus, sondern Christus **47**

**Karlstadt, der rigorose Pionier:
Die Bibel, alleinige Offenbarungsurkunde** **49**

Bruch mit Rom und den Universitäten **51**

Bücherverbrennung: Gehässiger geht es nicht **53**

Angstblüte **54**

Antichrist und Höllensturz **56**

„Mönchlein, Mönchlein, du gehst einen schweren Gang!" **58**

Ein Eck an allen Ecken **61**

„Gott helfe mir!" **64**

Kaiserliches Edikt vordatiert **66**

Sternstunde der Geschichte? **68**

Fingierter Überfall **70**

Ringen um jedes Wort **73**

Goethe: Im Anfang war die Tat! **75**

Luthers Bibelsprache sorgt für Einheit **77**

Karlstadt in Dänemark **79**

Laien nehmen den Kelch selbst in die Hand   80

Heirat aus Prinzip   82

In Wittenberg ist der Karlstadt los   84

Ohne Titel und Talar: Der neue Laie   87

Brot statt Bildung   89

Melanchthon als Präceptor Germaniae   92

Mit Luther, aber ohne Karlstadt   94

Karlstadts ABC   96

Über den Misthaufen davongejagt   99

Seelenmörder und böser Teufel   101

Die Lehre von den zwei Reichen   102

Das Wort ist ein Schwert   104

Blut-Ostern   106

Flammenzeichen und Prophetie   109

Apokalypse   112

Überraschungsgast   114

Luther und die Juden   118

In Stein gemeißelter Antisemitismus: Die Judensau   120

Gegen und für Orgelpfeifen   123

Karlstadt auf Wanderschaft   125

Karlstadt als Mittler unerwünscht **128**

Luthers Selbstanklage **130**

Um sein Leben disputieren **132**

Karlstadt in Zürich und Basel **134**

Zwinglis Tod **135**

Zurück in Zürich und Basel **136**

Karlstadt erliegt im Kampf gegen die Pest **137**

Plus ultra **139**

Zum Autor **140**

Literaturverzeichnis **143**

Glaubensbekenntnis

Martin Luther und sein kongenialer Doktorvater Andreas Bodenstein, genannt Karlstadt, sind die Leitsterne meines Lebens gewesen. Nach dem „großen" Reformator habe ich meinen älteren Sohn *Martin* taufen lassen. Luthers Kampf- und Trutzlied „Ein feste Burg ist unser Gott" klingt mir seit meiner Konfirmation im Ohr.

Erst spät habe ich gelernt, dass Karlstadt viel moderner ist als Luther. Zu bewundern ist vor allem, dass er immer, ohne Ausnahme, um friedlichen Ausgleich bemüht gewesen ist. Während Luther, der eigentlich auch ein Mann des Friedens war, im Bauernkrieg durchdrehte und Gewalt predigte, hat Karlstadt unter Einsatz seines Lebens allen Bedrohten die Hand gereicht. Daher halte ich den „kleinen Reformator" auch für einen Großen. Gerade in unserer kriegsdurchtobten Zeit eignet er sich als Vorbild. Ein Vorbild für alle, denen Humanität das erste Gebot ist.

Kurt Reumann

Vor 500 Jahren haben Martin Luther und Andreas Bodenstein die Welt verändert. Das scheint eine Ewigkeit her zu sein. Aber immer und immer wieder erscheinen uns der große und der kleine Reformator in einem neuen Licht. Über Luther glauben wir, viel zu wissen; aber wir kennen ihn nicht. Über Bodenstein wissen wir fast nichts; aber wir glauben, ihn zu kennen, wenn wir mehr über ihn erfahren. Warum? War Luther vielseitiger und widersprüchlicher? War Bodenstein wirklich weniger komplex? Darüber will ich in diesem Essay gründeln und zündeln. Dabei behalte ich stets im Sinn, was die beiden feindlichen Brüder uns heute noch zu sagen haben.

Die Nase im Wind

Martin Luther hatte seine liebe Not mit seinem Doktorvater Andreas Bodenstein. Der fränkische Feuerkopf, der sich nach seiner Vaterstadt am Main Karlstadt nannte, hatte die Nase im Wind. Sowie er etwas Neues, Aufsehen Erregendes erfuhr, steigerte er es bis zum Äußersten und stellte sich an die Spitze der Neuerer. Vor allem Luther, den er 1512 promoviert hatte, weil er in Wittenberg gerade Dekan der Theologen geworden war, versuchte der Heißsporn zu überflügeln. Deshalb schien er dem abwägenden Augustinermönch stets um eine Nasenlänge voraus zu sein. Karlstadt – Luthers vorauseilender Schatten?

Gemach, gemach! Zwar hat Karlstadt Luther immer wieder tatendurstig gedrängt und bedrängt. Aber der Wittenberger Reformator war keineswegs nur der Nehmende. Im Gegenteil. Er krempelte mit seinen Vorlesungen über den Römer- und den Galaterbrief des Paulus und mit seinen Kommentaren zum Kirchenvater Augustin (354–430) Karlstadts Leben und Trachten gründlich um. Luther hat an Augustin vor allem die Frage interessiert, wie der sündige Mensch durch Gott gerechtfertigt werde. Karlstadt fragte weiter, wie der Mensch imstande sei, Gottes Gesetz zu erkennen und zu erfüllen. Der stets lernbereite Querdenker war dem Reformator dankbar, dass er ihm die Augen geöffnet hat. Die Kehrtwende des Grüblers und Gründlers schlug sich in seinen 151 Thesen[1] über menschliche Natur, Gesetz und Gnade vom April 1517 nieder.[2]

Bis zum Bildersturm in Wittenberg arbeiteten die beiden Feuerköpfe Hand in Hand. Dann musste Luther zweimal Leib und Leben riskieren, um seinen Mitstreiter in die Schranken zu weisen. Seither behandelte der empörte Wittenberger Meinungsführer seinen Doktorvater, als sei der des Teufels.[3] Wo er das Andenken an ihn nicht ausradieren konnte, hat er es verdunkelt. Darüber ist vergessen worden, wie viele Gemeinsamkeiten die beiden Wort- und Weltbeweger über ihre Entzweiung hinaus verbanden:

- Das unbedingte Vertrauen auf Jesus und das Bibelwort: *Nicht Petrus, sondern Christus war der Fels, auf den sie bauten.*
- Der Kampf gegen das Ablasswesen.
- Der Kampf gegen das Papsttum und die Papisten.
- Das Vertrauen auf die Kraft des Wortes und entsprechend die Ablehnung von Gewalt – mit einer verheerenden Ausnahme bei Luther.

---

1 In einigen Quellen werden auch 152 Thesen genannt.
2 Volkmar Joestel: Andreas Bodenstein, genannt Karlstadt. Schwärmer und Aufrührer? Wittenberg: Drei-Kastanien-Verlag, 2000, S. 12 f. Siehe unten.
3 Rosemarie Schuder: „Ich kenne den Teufel". Martin Luther und sein Doktorvater Andreas Bodenstein aus Karlstadt. Guben: Niederlausitzer Verlag, 2016.

- Die Ablehnung des Zölibats und der Lobpreis der Familie.
- Der unermüdliche Einsatz für die Armen. Dieser letzte Punkt scheint heute vergessen. Dabei war und ist er so wichtig.

Der erste grüne Professor

Karlstadt war kein Seelenverderber, als den Luther ihn geißelte, sondern ein Querdenker, ein origineller Gelehrter, bedrängter Wohltäter der Bedrängten. Er predigte den Bauern wie Franziskus den Vögeln auf dem Felde. Diese Besonderheit profiliert ihn so markant, dass sie durch einen Ehrennamen gekennzeichnet werden soll: Karlstadt war *der erste grüne Professor*. Grün, weil er auf seine Titel verzichtete und sein Brot mit seiner Hände Arbeit verdiente. Grün, weil er auf Frieden und Freiheit setzte. Grün, weil er blauäugig war. Mit etwas Fantasie kann er als Vorbild für ökologische, ökonomische und soziale Nachhaltigkeit dienen. Allerdings wird man bei Karlstadts Würdigung Abstand von der Mode wahren müssen, dass nur die Grünen definieren dürfen, was grün sei. Darüber später mehr.

Ablasshandel:
Sobald das Geld
im Kasten klingt

Kehren wir zum Stein des Anstoßes zurück. Für Luther und seinen um einige Jahre jüngeren Doktorvater war der Ablasshandel anfangs das größte Ärgernis. Er hatte Formen angenommen, die noch ein Jahrhundert früher unvorstellbar waren. Bis zum Ende des 15. Jahrhunderts war der Sündenerlass streng geregelt. Man konnte sich keineswegs von allen Freveln freikaufen, und es wurden von einem Schuldbeladenen auch nicht nur Almosen erwartet, sondern Reue und Buße. Aber wie viel hatte sich seither geändert! Als Luther 1511 zum ersten Mal nach Rom kommt, stellt er während seines vierwöchigen Aufenthalts fest, dass das Gerede von der *Heiligen Stadt* eine Farce sei. Vielmehr geht es im Vatikan sehr weltlich zu. Bei der Generalbeichte, die er vor seiner Abreise ablegt, registriert Luther, dass die Brüder, an die er gerät, die Ablässe sehr professionell abkassieren. Vor jeder Tür in den langen Korridoren der Kirchenverwaltung gibt es Zahltische: für die Gebühren zur Aufhebung von Gelübden aller Art, zumal für den Dispens von Ehegelübden, für die Legitimierung von Bastardkindern usw. usw.

Dagegen war es mit den theologischen Kenntnissen von Luthers Ansprechpartnern nicht weit her. Dieser Eindruck wird sich in den folgenden Jahren vertiefen. „Wenn es eine Hölle gibt, so steht Rom darauf!" schimpft der Reformator. Und: Die Italiener, in deren Land Rom liegt, sind die „allerlistigsten und tückischsten Leute, die muss man fürnehmlich beschämen, betäuben, und ihnen ihre Schande aufdecken, dass sie schamroth werden." Päpste und Fürsten brauchen Geld, unvorstellbar viel Geld für den Bau von Gotteshäusern wie dem Petersdom, aber auch für Ausschweifungen, Kriege, einen Kreuzzug und Wahlversprechungen, und daher wird der Ablasshandel weitgehend kommerzialisiert. Ablasskrämer wie Johann Tetzel versprechen, man könne nicht nur sich selbst, sondern auch Verstorbene vor dem Fegefeuer bewahren, wenn man nur genug Dukaten und Silbermünzen berappe: „Sobald das Geld im Kasten klingt, die Seele in den Himmel springt."[4]

---

[4] Richard Friedenthal: Luther. Sein Leben und seine Zeit. München/ Zürich: Piper Verlag, 5. Aufl. 1979, S. 101; Peter Manns und Helmuth Nils Loose: Martin Luther. Bildbiographie zum 500. Geburtstag. Freiburg im Breisgau: Herder Verlag, S. 89 ff.; Hartmut Kühne, Enno Bünz, Peter Wiegand (Hg.): Johann Tetzel und der Ablaß. Berlin: Lukas Verlag für Kunst- und Geistesgeschichte, 2017; Thomas Kaufmann: Martin Luther. München: C. H. Beck, 5. Aufl. 2017, S. 47 ff.; Günter Scholz: „Habe ich nicht genug Tumult ausgelöst?" Martin Luther in Selbstzeugnissen. München: C. H. Beck, 2016, S. 36 ff.; Heinz Schilling: 1517. Weltgeschichte eines Jahres. München: C. H. Beck, 2017, S. 215–254.

Sola gratia

Karlstadt macht seinem Herzen als erster Luft. Am 26. April 1517 schlägt er seine 151 Thesen über die Gnade und gegen den Missbrauch des Ablasshandels an die Tür der Schlosskirche zu Wittenberg, also ein halbes Jahr, bevor Luther diesen Vorstoß am 31. Oktober 1517 durch seine 95 Thesen vergessen macht. Sola gratia: Gnade erfährt man allein durch den Glauben und nicht durch Verdienste oder irgendwelchen Sündenerlass. Also nicht aus eigener Kraft oder mithilfe einer weltlichen Instanz. Was auch bedeuten würde, dass der Papst keinen Einfluss auf die Begnadigung der Menschen und auf ihr Seelenheil hätte. Jörg Lauster nennt das Christentum daher eine „Erlösungs- und Gnadenreligion": Erlösung sei das Ziel, Gnade das Mittel.[5] Zu Beginn der Ablasskontroverse gibt Luther sich den Namen *Luder*. Für ihn ist *Luder* (= Eleutherius) der in Gott Freie, von Christus Befreite: Halleluja! Gleichzeitig hält er sich für einen unverbesserlichen

---

5 Jörg Lauster: Das Christentum. Geschichte, Lebensformen, Kultur. München: C. H. Beck, 2022, S. 93; Volker Leppin: Sola fide, Sola scriptura, Sola Gratia, Solus Christus. Grundpfeiler der Theologie Martin Luthers. In: Luther und die Deutschen. Begleitband zur Nationalen Sonderausstellung auf der Wartburg. Hg. Wartburgstiftung Eisenach, Michael Imhof Verlag, 2017, S. 156 ff.

Sünder, der ohne Gottes Gnade verloren wäre: Vergib mir meine Sünden! Vergib uns unsere Schuld!⁶

Allerdings hatte es der gnädige Gott nicht leicht mit Luther. In den Tischgesprächen sagte der Widerborstige: „Wenn es keine Vergebung der Sünden bei Gott gäbe, so wollt ich, wie ich von Natur bin, Gott gern durchs Fenster hinauswerfen." Man muss genau hinhören: „Wie ich von Natur bin."⁷ Der ungehobelten Menschennatur fällt es schwer, Gott zu verstehen. Warum tut Gott dieses und jenes? Warum hat er nicht alle Menschen gut erschaffen? Luther wusste sich auf solche Fragen nicht immer einen Reim zu machen, und dann erwiderte er: „Fahrt hinauf zum Himmel und fragt Gott, warum er so tut."⁸ Auch Luthers Hiobs-Antwort: „Wenn Gott redet, zürnt, eifert, straft, uns den Feinden übergibt, über uns Pest, Hunger, Schwert oder andere Plagen schickt, so ist's das sicherste Zeichen, dass er uns wohlwill", ist ja nicht leicht zu begreifen.⁹

---

6   Thomas Kaufmann: Martin Luther, a. a. O., S. 7.
7   Kurt Aland (Hg.): Martin Luther: Tischreden, 2009; Thomas Kluge (Hg.): Luthers kleine Teufeleien. 5. Aufl. Berlin 2016. = insel taschenbuch 4561, S. 11.
8   Kluge, a. a.O, S. 12.
9   Kluge, a. a.O, S. 12.

Statt eines kleinen Feuers ein Weltbrand

Der sendungsbewusste publizistische Anfänger Luther aus Wittenberg hat mit seinen Thesen zunächst nur ein kleines Feuer in der Gelehrtenwelt entfachen wollen – ein akademisches Streitgespräch nach strengen Regeln. Das bezeugt der Verfasser selbst in einem Brief an den Kirchenrechtler und Humanisten Christoph Scheuerl. Auf die Frage, warum er seine Thesen nicht auch an ihn, Scheuerl, gesandt habe, antwortet der disputierfreudige Professor, es sei weder seine Absicht noch sein Wunsch gewesen, „dass sie veröffentlicht würden, sondern dass mit wenigen, die bei und um uns wohnen, zuerst über dieselben verhandelt werden sollte, damit sie so durch vieler Urtheil entweder verworfen und abgethan, oder gebilligt und herausgegeben würden." In diesen Worten klingt die Erwartung an, dass viele mehr sehen als wenige. Entsprechend müsste das Urteil vieler zuverlässiger sein als die Einschätzung eines Einzelnen – eine These, der zumal Anhänger des Konzilsgedankens huldigen. 1518 denkt Luther auch noch so. Später verwirft er die Vorstellung, dass ein Konsilium, eine Ratsversammlung, per Mehrheitsbeschluss entscheide. Immer wieder erweist es sich als notwendig, Luthers Aussagen und Verhalten im politischen Zusammenhang seiner Zeit zu interpretieren, und die Bezüge und Anlässe änderten sich wieder und wieder.[10]

Deshalb bleibt der Reformator auch nicht immer Herr des Verfahrens. Das Zeitalter des Buchdrucks wirft alle Kalkulationen über den Haufen. Das sollte auch Rom erfahren. Der Vatikan hätte damals über Luthers Thesen gelacht, wenn nicht mit dem sich schnell verbreitenden Zweifel an der Wirkung des Ablasses auch die wichtigste Geldquelle des Papstes zu versickern drohte.

---

10 Johann Georg Walch (Hg.): Dr. Martin Luthers sämtliche Schriften. Groß Oesingen: Verlag der Lutherischen Buchhandlung Heinrich Harms, 1987, Bd. XXa, Briefe 1. Abt., Sp. 91, Brief an Scheuerl vom 5. März 1518.

Disputieren oder kapitulieren

Luther hofft auf eine Gelegenheit, mit einem offiziellen Vertreter des Vatikans über seine Thesen disputieren zu dürfen. Aber der päpstliche Hof lehnt ein Streitgespräch mit dem „Mönchlein" ab. Von Anfang an verfolgte er das Ziel, Luther nach Rom zu beordern, um ihm dort die Leviten zu lesen. Im Juli 1518 forderte der oberste Richter im Vatikan den aufmüpfigen Augustinermönch auf, in die Heilige Stadt zu kommen und zu gestehen, dass seine 95 Thesen einen Angriff auf die Autorität der Kirche bedeuten. Im Oktober 1518 sandte Rom den päpstlichen Legaten Kardinal Thomas Cajetan nach Augsburg, wo der schwer erkrankte Kaiser Maximilian I. mithilfe Johann Jakob Fuggers des Reichen seine Nachfolge regeln wollte. Cajetan stieg im Stadtpalast des theologisch gebildeten Unternehmers ab. Wie praktisch wäre es gewesen, wenn sich dort en passant auch das Thema Luther hätte erledigen lassen!

Wo es um die Bewährungsproben des großen Reformators vor Kaiser und Reich geht, bleibt Karlstadt in meiner Darstellung zunächst außen vor. Was nicht heißt, dass der kleine Reformator sich aufs Daumendrücken beschränkt hätte.

Vielmehr versuchte er, Luther, wo er nur konnte, zu ersetzen. (Siehe unten!)

Es wird berichtet, Luther habe die letzten Kilometer auf seiner Reise in den Südosten Schwabens nicht mehr zu Fuß zurücklegen können. Kein Wunder, dass er erschöpft war! Die Strecke von Wittenberg nach Augsburg ist 900 km lang, unterstellt man, dass der Mönch den Weg über Torgau, Halle, den Rennsteig, Coburg, Bamberg und Nürnberg nahm. Für die um 300 km kürzere Route von Wittenberg nach Worms hat der Reformator 1521 zwei Wochen gebraucht. Bis Augsburg wird er 1518, vorsichtig, wie er sein musste, etwa drei Wochen benötigt haben. Das schlaucht. Außerdem quält eine Magenverstimmung den Geschwächten, sodass er auf einem Getreidekarren in die Residenz der Fugger gefahren wird. Er muss erst einige Tage aufgepäppelt werden, bevor er vor seinen Ankläger treten kann. Weil seine Reisekleider zerfetzt sind, leiht man ihm eine Kutte. Wer den Reformator verstehen will, sollte sich daran erinnern, wie sehr ihn seine arroganten „Oberen" aus Rom und aus der Umgebung des Kaisers gedemütigt haben.

Auf den Knien

Luther auf Knien in einer geliehenen Kutte. Welch ein Gegensatz zum äußeren Erscheinungsbild des Kardinals Cajetan! Der Legat ist auf einem weißen Zelter mit purpurroten Samtzäumen in Augsburg eingeritten. Für ihn steht der Papst hoch über Fürsten und Potentaten, und das soll auch das Auftreten des Papstgesandten allen vor Augen führen. Die ihm zugewiesenen Räume im Palazzo Fugger an der Maximilianstraße lässt Cajetan mit rotem Atlas ausschlagen. Prunk, Pomp und päpstliche Prachtentfaltung! Seine Eminenz war es gewohnt, dass groß und klein vor ihm niederknieten. Auch Luther war darüber informiert worden, wie er sich dem hohen Herrn respektvoll zu nähern habe: Protokollgemäß wirft er sich zu Boden. Der Kardinal bedeutet ihm, er möge sich wieder aufrichten. Aber Luther erhebt sich nur bis zu den Knien, bis Cajetan ihm durch einen abermaligen Wink erlaubt, endlich aufzustehen. Luther ist peinlich bemüht, die Form zu wahren. Wenn ihm das gelingt, kann er seine Meinung desto freier bezeugen. Höflich, aber bestimmt. An diese Regel wird er sich auch bei späteren Befragungen halten.[11]

Luthers Magenverstimmung hatte mehrere Gründe. Auch einen psychologischen. Der Mönch hatte Angst, und er hatte Mut. Courage hat jemand, der trotz Angst tut, was er tun zu müssen glaubt: Hier komme ich; ich kann nicht anders. Seine Ängste hat der Reformator später wie folgt beschrieben: „Mein Gefühl war: Nun muss ich sterben. Und ich stellte mir den hochgeschichteten Scheiterhaufen vor Augen ..."[12] Dieser Albtraum war verständlich. Cajetan ist nicht nur Luthers geschliffenster, sondern auch sein härtester Gegner. Schon als General des Dominikanerordens hatte er sich für die kirchliche Ablasslehre eingesetzt und den Papst als Stellvertreter Christi auf Erden bezeichnet, der den Gnadenschatz der Kirche verwalte und Sünder von ihrer Schuld freisprechen könne. Mit demselben Argument verteidigte auch Luthers unerbittlicher Gegner Johann Tetzel, ebenfalls ein Dominikaner, den Ablasshandel. Luther befürchtet, dass Cajetan in der Auseinandersetzung mit ihm eisern an dieser These festhalten wird. Aber er erkennt auch die Schwachstelle des Kardinals: Kirchenrechtlich ist dieser Glaubenssatz bislang nicht eindeutig geregelt. Erst am 9. November 1518 wird die Ablasslehre

---

11 Friedenthal: Luther. Sein Leben und seine Zeit. München/ Zürich: Piper, 5. Aufl., 1979, S. 208 f.; 217.

12 Walther von Loewenich: Martin Luther. Der Mann und das Werk. München: List Verlag, 1982, S. 127, 393.

dogmatisiert. Der eigentliche Verfasser der päpstlichen Bulle ist Cajetan.[13]

Erst an Ort und Stelle hat Cajetan erfahren, dass er Luther verhören soll. Das Verb „verhören" trifft das Geschehen am besten, weil Seine Eminenz sich auf keinen Disput mit dem ungehorsamen Bettelmönch einlassen will. Allerdings war im Vorfeld zwischen der Kurie und Luthers Landesherrn Friedrich III. ausgehandelt worden, Cajetan möge in dem Verhör „väterlich, aber nicht richterlich" vorgehen. Daran hält sich der Legat zunächst. Umgeben von seinen italienischen Hofleuten, redet er den Vorgeladenen leutselig mit „mein lieber Sohn" an, und Luther bezeichnet den hohen Würdenträger mit „Eure Väterlichkeit".[14] Indes hat der liebe Sohn bei allem gebührenden Respekt einen eigenen Kopf. Cajetan stellt schnell fest, dass der Rebell aus Wittenberg kenntnisreicher und gewandter argumentiert, als man in Rom erwartet hatte. Und das reizt den Kardinal. Versierter Theologe und hochgerühmter Debattenführer, lässt er sich zu einem Wortwechsel hinreißen. Aus dem Verhör droht ein Disput zu werden, und den hat Cajetan doch unbedingt vermeiden wollen![15]

---

13 Walther Köhler (Hg.): Dokumente zum Ablaßstreit von 1517. Tübingen: Mohr, 1917, S. 158.
14 Friedenthal: a. a. O., S. 217.
15 Otto Hermann Pesch: Hinführung zu Luther. 2. Aufl. Mainz: Matthias-Grünewald-Verlag, 1983, S. 106.

„Ich will mit dieser Bestie nicht mehr sprechen!"

Löst sich der Streit etwa in Wohlgefallen auf? Aber nein! Intellektuelle sind die größten Hitzköpfe und hartnäckigsten Rechthaber. Beide, der Kardinal wie der Augustinermönch, waren viel zu engagiert, als dass das Gespräch in ruhigen Bahnen hätte verlaufen können. Erst ringen sie in höflichem Wortstreit miteinander, dann schreien sie einander an. Luther erinnert sich später, Cajetan habe gedonnert und geschnurrt und die Gewalt allein für sich beansprucht. Ultimativ fordert der sich zum Richter aufschwingende Kardinal, dass Luther widerrufe: Revoco! Sechs Buchstaben hätten genügt, um den Fall aus der Welt zu schaffen. Luther hätte nicht einmal präzisieren müssen, was er widerruft. Aber so oberflächlich ist er nicht. Er hätte nur widerrufen, wenn der hochzuverehrende Kardinal seine Meinung mit einem Jesus-Wort aus der Bibel hätte belegen können. Am dritten Tag verlässt der Mönch einfach den Raum. Cajetan soll ihm hinterhergerufen haben: „Ich will mit dieser Bestie nicht mehr sprechen, denn er hat tief liegende Augen und wunderliche Spekulationen in seinem Kopf." Beiden wird damals nicht voll bewusst gewesen sein, dass dieser Abgang im Zorn den endgültigen Bruch zwischen dem Wittenberger Professor und der katholischen Kirche bedeutete. Luther blieb kaum etwas anderes übrig, als Reformator zu werden.[16]

Die Legende will wissen, dass Luther die Flucht mithilfe des Teufels gelang. Aber es wird wohl eher der Sohn des Bürgermeisters gewesen sein, der dem von ihm verehrten Mönch eine Pforte in der Stadtmauer offenhielt.[17] Wie sollte das weitergehen? Viele hätten damals darauf geschworen, dass der unbeugsame Zeuge des evangelischen Glaubens als Märtyrer in die Geschichte eingehen werde.

---

16 Siehe dazu auch Otto Hermann Pesch: Hinführung zu Luther, 2. durchgesehene Aufl., Mainz: Matthias-Grünewald-Verlag, 1983, S. 103 ff., S. 111 ff.; Martin Brecht: Martin Luther. Sein Weg zur Reformation. 2. Aufl. Stuttgart: Calwer Verlag, 1983, S. 173–255; Richard Friedenthal: Luther. Sein Leben und seine Zeit. München/ Zürich: Piper Verlag, 5. Aufl. 1979, S. 101; Loewenich, a. a. O., S. 132 f.; Günter Scholz: „Habe ich nicht genug Tumult ausgelöst?" Martin Luther in Selbstzeugnissen. München: C. H. Beck, 2016, S. 36 ff.
17 Nicole Prestle: Als der Teufel Martin Luther zur Flucht aus Augsburg verhalf. In: *Augsburger Allgemeine* vom 19. Juli 2017; Günter Scholz: a. a. O., S. 67 f.

Luther ohne Land

Cajetan wollte Luther nicht ungeschoren davonkommen lassen. Doch er durfte nicht den Verdacht erregen, er lasse den Entflohenen im Namen Roms verhaften. Die Verantwortung dafür sollte ein anderer übernehmen: Luthers Landesherr Friedrich. Der Kardinal drohte dem Kurfürsten, er könne auch über einen Reichsfürsten Kirchenstrafen wie Bann und Interdikt verhängen. Das war frech. Konnte Friedrich der Weise die anmaßende Provokation einfach aussitzen? Er ließ Luther das Schreiben zuschicken und bat um Antwort. Der Wittenberger Professor verstand das als Aufforderung, Kur-Sachsen zu verlassen. Er schrieb dem taktierenden Fürsten: „Ich erkläre hiermit, dass ich Euer Land verlasse, um mich dahin zu begeben, wo der barmherzige Gott mich haben will." Offenbar dachte Luther an Frankreich. Vielleicht durfte er dort an einer Universität lehren, womöglich sogar an der Sorbonne? Der Kurfürst ließ seinen Untertanen wissen, er sei damit einverstanden, dass der Bedrohte aus der Problemzone entschwinde. Aber dann kommt wieder alles anders. Luther sitzt mit seinen Freunden beim Abschiedsmahl, als sein Landesherr ihm ausrichten lässt, er möge nun doch bleiben: Es gebe neue Nachrichten aus Rom.[18]

....
18 Friedenthal: a. a. O., S. 226 ff.

Der unehrliche Makler

Mit Leo X. war ein Spieler auf den Heiligen Stuhl gelangt. „Rien ne va plus" gibt es für den ersten Papst aus dem Geschlecht der Medici nicht. Damit das Spiel weitergehe, schickt er 1518 aus dem Reservoir seiner Diplomaten einen Mann nach Deutschland, der ebenfalls ein bedenkenloser Spieler ist: Karl von Miltitz. Der erst 28 Jahre alte Kammerjunker ist das Gegenteil von Cajetan: ein Gaukler, ein Blender, ein Möchtegern. Aber auch eine unterhaltsame Plaudertasche. Seine größte Stärke ist sein Einfühlungsvermögen. Damit wird er für ein paar Wochen Geschichte machen.

Als Sachse aus niederem Adel versteht Miltitz die Sprache und die Probleme der Deutschen, und die Deutschen meinen, ihn zu verstehen, den Schulterklopfer, der weiß, worauf es ankommt. Endlich mal ein päpstlicher Gesandter, der sich gegen die Auswüchse des Ablasshandels wendet! Zum Zeichen seines guten Willens statuiert von Miltitz ein Exempel: Er sucht den alten Tetzel auf und redet dem verhassten Ablasskrämer so lange ins Gewissen, bis der resigniert. Eine Symbolhandlung, die in der Sache nichts ändert, aber Vertrauen schafft. Vertrauen erschleicht von Miltitz sich auch, indem er Cajetan anprangert: Der sei viel zu weit gegangen. Typisch für einen

Italiener! Aber die Deutschen, lockt von Miltitz, sollten es besser wissen: Man kann doch miteinander reden. Das kommt uns sehr vertraut vor: miteinander reden!

Das lässt der Legat auch den sächsischen Kurfürsten wissen, und der weist Luther an, den päpstlichen Gesandten aufzusuchen. Es kommt zu mehreren Gesprächen. Luther durchschaut den wendigen Sprücheklopfer. Und fällt doch auf ihn herein, weil von Miltitz die Schwachstelle des Augustinermönchs findet: Wenn Luther so fortfahre wie Hus, werde es zu einer Kirchenspaltung kommen. Ob er das verantworten wolle? Ein Schisma war auch Luthers größte Sorge. Wenn irgend möglich, wollte er die Spaltung vermeiden helfen. Daher verpflichtet er sich zu schweigen, solange seine Gegner schweigen würden. Miltitz umarmt den verunsicherten Reformator und gibt ihm einen Kuss – einen Judaskuss.[19]

Der Makler mit der gespaltenen Zunge hatte seinen Gesprächspartner schon verraten, als er dessen Landesherrn zum Handlanger des Papstes machen und Luther dabei klammheimlich über den Jordan – Pardon: über den Tiber – gehen lassen wollte. Das war wieder so ein raffinierter Anschlag, bei dem Leo X. hinterher hätte sagen können, von Miltitz habe auf eigene Faust gehandelt. Der päpstliche Kammerherr hat viele Gaben in seinem Gepäck, auch Vergünstigungen und Bannflüche. Die verlockendste ist die Goldene Rose, die höchste

---

19 Heinrich August Creutzberg: Karl von Miltitz 1490–1529. Sein Leben und seine geschichtliche Bedeutung. Freiburg im Breisgau: Herder, 1907; Brecht, a. a. O., S. 255–263; Friedenthal, a. a. O., S. 232.

Auszeichnung des Papstes für Potentaten, die sich um die Kurie verdient gemacht haben.

Von wem ließe sich das mit stärkerer Berechtigung sagen als vom sächsischen Kurfürsten? Das dachte wenigstens der Herrscher selbst. Er hatte sich schon öfter um die „Tugendrose" beworben – in der festen Überzeugung, dass er ihrer würdiger sei als mancher bereits erfolgreiche Aspirant. So anmaßend war das nicht. Man muss bedenken, dass Luthers Landesherr damals kein Anhänger der Lehre Luthers war, sondern ein frommer Altgläubiger. Und nun überbringt von Miltitz dem darauf schon lange Wartenden die Papstrose nicht einfach als Ehrengabe, sondern mit dem mehr oder weniger deutlichen Ansinnen, er möge seinen störrischen Untertanen an Rom ausliefern. Welch ein raffinierter Köder![20]

---

20 Friedenthal: a. a. O., S. 228 ff.; Brecht, a. a. O., S. 262; Rosemarie Schuder: „Ich kenne den Teufel", a. a. O., S. 37.

Kaiserwahl

Außerdem lehrt dieses Intermezzo, dass Luther für den Papst damals nur eine ärgerliche Nebensache war. Die Hauptsache ist die Kaiserwahl. Alle Welt weiß, dass die Tage Kaiser Maximilian I. gezählt sind. Seit vier Jahren führt der schwer erkrankte Habsburger mit dem Ehrennamen „der letzte Ritter" seinen Sarg mit sich.[21] Papst Leo X. wünscht sich den französischen König Franz I. zum Nachfolger. Aber als er feststellt, dass die Mehrheit der Kurfürsten und Reichsstände den Franzosen ablehnt, setzt er, Spieler, der er ist, auf ein neues Pferd: den sächsischen Kurfürsten Friedrich den Weisen. Und hier verschränkt sich die politische Ebene wieder mit der religiösen. Schon Cajetan hatte den Wettiner wissen lassen, der Papst werde ihn bei der Wahl zum Kaiser unterstützen, vorausgesetzt, der Kurfürst bändige seinen rebellischen Untertanen. Und jetzt wiederholt von Miltitz dieses zweischneidige Angebot.

---

21 Heidrun Lange-Krach (Hg.): Maximilian (1459–1519). Kaiser, Ritter, Bürger zu Augsburg. Ausstellungskatalog. Regensburg: Verlag Schnell & Steiner, 2019.

Kurfürst
Friedrich der Weise

Man stelle sich vor: Friedrich III. Kaiser des Heiligen Römischen Reichs Deutscher Nation! Das ist nicht so fantastisch, wie es klingt. Es ist nachzuvollziehen, dass Leo X. den sächsischen Kurfürsten dem Enkel Kaiser Maximilians vorzog. Der Papst musste befürchten, dass der junge Carlos, der bereits über Spanien und die Burgundischen Niederlande herrschte und an den über seinen Großvater mütterlicherseits, Ferdinand II. von Aragón, auch das Königreich Neapel gefallen war, den Kirchenstaat umarmen, ja erdrücken würde, wenn er auch noch zum Kaiser aufstiege. Um es in unseren Worten zu sagen: Karl war ein „global Player". Dagegen war der sächsische Kurfürst kein internationaler Machtfaktor, sondern eine feste regionale Größe, die, sollte sie die Kaiserkrone erringen, ein Gegengewicht gegen die Habsburger würde bilden können. Auch der eine oder andere der insgesamt sieben Kurfürsten hätte dem abwägenden und ausgleichenden Regenten, den man den Weisen nannte, seine Stimme bei der Kaiserwahl gegeben.

Und wirklich: Im ersten Wahlgang wird Kurfürst Friedrich zum Kaiser gewählt. Die Weltgeschichte wäre anders verlaufen, hätte er die Wahl angenommen. Aber der Wettiner greift nicht nach den Sternen. Als Grund für die Absage nennt Manuel Fernandez Alvarez in seiner Biografie über Karl V., Friedrich der Weise habe keinen persönlichen Ehrgeiz besessen. Aber diese Erklärung bleibt an der Oberfläche. Sie vernachlässigt den entscheidenden Punkt: das Geld. Offenbar hat Friedrich die immensen Schulden nicht machen wollen, die er hätte auf sich nehmen müssen, um seine Verpflichtungen als Kaiser erfüllen zu können. Sie hätten ihn von Geldgebern und den Ansprüchen der anderen Kurfürsten abhängig gemacht. Daher stimmte er im zweiten Wahlgang für seinen Konkurrenten, den Habsburger.[22]

---

22 Manuel Fernandez Alvarez: Karl V. Herrscher eines Weltreichs. München: Wilhelm Heyne Verlag, 1999 = Heyne Sachbuch 715, S. 35.
Gebhardt: Handbuch der deutschen Geschichte, Bd. 2: Von der Reformation bis zum Ende des Absolutismus. Stuttgart: Union Verlag, 1970, S. 41; Karl Brandi: Kaiser Karl V. Frankfurt: Societäts-Verlag, 1979; Ferdinand Seibt: Karl V. München 1999; Alfred Kohler: Karl V. 1500–1558. Eine Biographie. München 2001.

Carlos von Spanien und die reichen Fugger

Der ehrgeizige, junge Carlos kennt solche Bedenken nicht. Er ist bereit, sich hoch zu verschulden, weil er den besten Finanzier hat, den es in Europa gibt: Johann Jakob Fugger. Nach dem Tod seiner Brüder hat „der" Fugger sich zum Alleinherrscher eines Familienunternehmens aufgeschwungen, das weltweit Geschäfte macht. Außenstellen unterhält sein Haus in allen wichtigen Handelszentren von Nürnberg bis Kiew, von Venedig bis Rom, von London bis Lissabon, in seinen portugiesischen Niederlassungen in Indien sowie in Spanisch-Amerika. In Rom hat der erste Finanzkonzern der Geschichte zeitweise sogar die päpstliche Münze, die Zecca, gepachtet. Er weiß früher als alle anderen, wo etwas zu holen ist; denn ein eigener Nachrichtendienst verschafft ihm einen Informationsvorsprung. „Der" Fugger war das wandelnde Beispiel dafür, dass Geld die Welt regiert. Nicht von ungefähr trägt der Finanzmagnat Beinamen wie „der Reiche" und „der Bankier Europas".[23]

---

23 Walter Brendel: Die Fugger. Ein schwäbisches Kaufmannsgeschlecht. Berlin: epubli Verlag, 2021; Manuel Fernandez Alavarez: Karl V. Herrscher eines

Das Verleihen von Krediten war damals, nicht anders als heute, ein ganz normales Geschäft. Wie selbstverständlich hat Jakob Fugger Karl den Weg auf den Thron durch die Vergabe hoher Kredite geebnet. Der französische König Franz I., zeitweilig der aussichtsreichste Kandidat, hatte nahezu eine halbe Million Gulden an die Kurfürsten verteilen lassen. Das Haus Fugger überbietet ihn um reichlich das Doppelte: 543 500 Gulden. Den Rest des Gesamtpreises von 852 590 Gulden bestreiten die Augsburger Welser und italienische Banken. Die Wahl hat schließlich fast eine Million Gulden gekostet – eine Summe, die erwarten lässt, dass der Gläubiger sie nie in voller Höhe werde zurückzahlen können.[24]

Karl, von allen unterschätzt, ist sich von Anfang an klar darüber, dass der Fugger gerade darauf spekuliert. Es geht dem Handelsherrn um mehr als um Geld; er möchte den blutjungen Kaiser von sich abhängig machen. Daher erwartet er auch gar nicht, dass der erlauchte Schuldner seine Verbindlichkeiten in voller Höhe begleicht; nur wenn der Habsburger das nicht kann, wird der Fugger ihn zeitlebens an der Angel haben. Doch Karl hat seinen eigenen Kopf. Und er hat Visionen.

Der Enkel Kaiser Maximilian I. lässt von Anfang an keinen Zweifel daran aufkommen, dass er das Erbe seiner Vorfahren antreten und die Kaiserwürde erringen will. Das ist für ihn nicht nur eine Frage der Ehre. Vielmehr beruft er sich darauf, dass nur er als Herrscher über ein ständig wachsendes Reich

---

Weltreichs. Stuttgart/Zürich/München: Heyne Biographie Nr. 69, TB-Ausgabe, 1997, S. 29–43.
24 Brandi: Karl V., a. a. O., S. 87; Friedenthal: a. a. O., S. 234–236.

den Traum von einer christlichen Universalmacht erfüllen könne. Unverzüglich wendet er sich an seine Tante Margarete, die ihn erzogen hatte und, ursprünglich im Namen ihres Vaters Maximilian I., als Statthalterin die habsburgischen Niederlande regiert. Weil ihr Herrschaftsbereich an die deutschen Lande grenzt, scheint sie besonders geeignet, bei den Kurfürsten vorzufühlen, welche Forderungen sie an die Bewerber um den Kaiserthron stellen. Aber als Margarete und ihre Berater wegen der sich auftürmenden Schwierigkeiten erwägen, einen anderen Kandidaten, womöglich sogar Karls Bruder Ferdinand, zu unterstützen, protestiert Karl energisch: Er denke nicht daran, die Wahl irgendeines anderen zuzulassen. Für Ferdinand hätte gesprochen, dass er, im Gegensatz zu Karl, mit dem Königreich Neapel nichts zu tun hatte, also den Papst nicht provozieren konnte. Aber Karl beruhigt seinen Bruder: Er werde dessen Interessen besser als jeder andere berücksichtigen – ein Versprechen, das er, weiß Gott, eingehalten hat. Und seine kluge Tante weist der ehrgeizige Jüngling an, seine Weisungen strikt zu befolgen.[25]

---

25 Karl Brandi: Kaiser Karl V., a. a. O., S. 87 f.; Alvarez: Karl V., a. a. O., S. 32; Ferdinand Seibt: Karl V. Der Kaiser und die Reformation. Berlin: Wolf Jobst Siedler, 1990. Lizenzausgabe für Bechtermünz Verlag, Augsburg 1997, S. 11.

Karl und das Gold der Inkas

Nachdem Friedrich der Weise auf den Kaiserthron verzichtet und für den Habsburger Aspiranten plädiert hatte, entschieden sich auch die Kurfürsten, die ihn vorgezogen hätten, für Karl. So kommt es, dass der Habsburger am 28. Juni 1519 in Frankfurt einstimmig zum römisch-deutschen König gewählt wird. Das war nur der Auftakt zur Abfolge mehrerer weltlicher und geistlicher Hoheitsakte bis hin zur Kaiserkrönung durch den Papst, und Karl legt Wert darauf, an sämtlichen Stationen innezuhalten und in aller Würde zu feiern, wie es die Tradition verlangt. Der nächste Schritt sollte die Krönung in Aachen, der Residenzstadt Karls des Großen sein. Aber dort herrscht die Pest, und deshalb rät man dem jungen Habsburger, sich besser gleich in Frankfurt krönen zu lassen. Doch Karl wartet mit seinem Hofstaat lieber in Brüssel, bis die Seuche vorbei ist. So kommt es, dass er erst am 23. Oktober 1520 im Kaiserdom zu Aachen Zepter, Reichsapfel und Krone entgegennimmt. Es ist die alte Reichskrone, die Karl der Große bei feierlichen Anlässen getragen hat. Fortan nennt er sich „erwählter" Kaiser des Heiligen Römischen Reichs.[26]

---

26 Alvarez, a. a. O., S. 42 f.; Seibt, a. a. O., S. 54 f.

Es gehörte zu Karls Tugenden, dass er warten konnte und dass er entschlossen und schnell zuschlug, sobald sich ein günstiger Zeitpunkt ankündigte. Auf den letzten Hoheitsakt, die Bestätigung durch den Papst, die ihm auch formal das Recht verleiht, den Titel Kaiser zu tragen, muss er noch 20 Jahre warten. Aber das kann seinen Aufstieg nicht aufhalten. Er wird 37 Jahre lang (von 1519–1556) über ein Reich herrschen, das wächst und wächst und von dem man sagen wird, dass in ihm die Sonne nicht untergehe.

Karl lebte in einer Zeit des Umbruchs, der Entgrenzungen und Entdeckungen. Schon als er Anfang des Jahres 1519 in Barcelona weilt, erfährt er von Ferdinand Magellan und Hernán Cortés. Der portugiesische Seefahrer Magellan möchte die Welt umsegeln, und Karl unterstützt ihn finanziell, indem er ihn im Namen der spanischen Krone beauftragt, eine Westroute zu den Gewürzinseln (Molukken) zu finden. Das glückt nach Magellans abenteuerlichem Tod dessen Nachfolger Sebastián Elcano. En passant gelingt dabei der Beweis, dass die Erde eine Kugel ist.

Finanziell einträglicher, aber problematischer ist Karls Verhältnis zum Eroberer Mexikos. Der schillernde Konquistador hatte 1519 mit Hilfe indianischer Verbündeter das Aztekenreich erobert und Karl ein Rechtfertigungsschreiben mit Geschenken der Azteken gesandt. 1523 flehte Karl den skrupellosen Glücksritter an, ihm „die größte Summe Goldes, die Euch nur irgend möglich ist;" per Schiff nach Spanien zu senden. Zur Begründung führt der dauerklamme Schuldner an, dass die Wahl zum Kaiser und die Kriege mit Franz I. ihn Unsummen kosten würden. Und Hernán Cortés liefert. Ohne das Gold der Inkas, Mayas und Azteken, an dem Blut klebte, wäre Karl in arge Verlegenheit geraten. Ein dunkles Kapitel.[27]

Friedrich der Weise hat geahnt, wieviel faule Kompromisse ein Kaiser würde machen müssen. Wenn diese Zugeständnisse Karl wenigstens geholfen hätten, die Einheit der Christenheit zu verteidigen! Aber ein Gegner, den Karl anfangs gar nicht auf der Rechnung hatte, sollte dieses hohe Ziel durchkreuzen. Ein Mann ohne Land und ohne Geld: Martin Luther, das Mönchlein aus Wittenberg.

....

27 Manuel Fernandez Alvarez (Hg.): Corpus documental de Carlos V., Salamanca. 1973–1981, 5 Bde.; hier: Bd. I, 276; Hernándo Cortés: Die Eroberung Mexikos. Drei Berichte an Kaiser Karl V., 5. Aufl.: Frankfurt/Main: Insel-Verlag, 1980; Heinz Schilling: Martin Luther, a. a. O., S. 112–140.

Diese „verdammte Fuckerei"!

Aus der Perspektive Luthers sehen die Händel der Großen ganz anders aus. Dem leicht aufbrausenden Reformator ist das frühkapitalistische Handelsimperium der Fugger ebenso ein Dorn im Auge wie seinem Doktorvater Karlstadt. Luther ereifert sich über die „verdammte Fuckerei"; man müsse den „Augsburger Pfeffersäcken" einen Zaum ins Maul legen.[28] Was er nicht bedenkt, ist, dass aus den Investitionen für die Kaiserwahl nicht nur Aufwendungen für Diplomatie und Lobbyismus bezahlt, sondern auch Altschulden getilgt, Verwaltungen ausgebaut und kulturpolitische Aufgaben erfüllt werden. Man denke nur an die Förderung von Wissenschaft und Kunst und an die Alimentierung der Künstler. Ich behaupte: Nie wieder hat es eine solche Blüte der Malerei und Bildhauerei gegeben. Die Renaissance-Päpste Julius II. und Leo X. machten Rom auch kulturell zur Hauptstadt der Welt, und in anderen Metropolen erlebte die Kunst ebenfalls einen phänomenalen Aufschwung: ob in Florenz oder Neapel, ob in Gent oder Nürnberg.

---

28 Günter Scholz, a. a. O., S. 126.

Für seinen Ärger hat Luther auch persönliche Gründe. Die Erinnerung an das Verhör durch Cajetan im Stadtpalast Johann Jakob Fuggers schwelt wie eine offene Wunde, zumal der reiche Kaufmann keine Gelegenheit auslässt, Luthers Gegner weiterhin zu unterstützen. Davon profitiert nicht zuletzt der Ingolstädter Theologe Johannes Eck. In seiner Not wendet sich der Reformator an Georg Spalatin, den Hofkaplan und Beichtvater seines Landesherrn Friedrich des Weisen. Spalatin rät zur Hinhaltepolitik. Wieder einmal und nicht ohne gute Gründe: Um das Gesicht zu wahren, sollten sowohl der Kaiser als auch der Kurfürst geltend machen, sie brauchten Zeit zum Abwägen. Außerdem sei zu bedenken, dass eine Verurteilung des Augustinermönchs als Ketzer den Ruf der aufstrebenden Landesuniversität Wittenberg ruinieren würde. Schließlich verdanke die Hohe Schule ihren Aufschwung in erster Linie dem Professor für Bibelkunde Martin Luther. Der Hofkaplan, der selbst an der Universität Wittenberg studiert hatte, verhielt sich gegenüber dem Reformator wie ein Freund.[29]

---

29 Irmgard Hoess: Georg Spalatin. Ein Leben in der Zeit des Humanismus und der Reformation. Weimar: Verlag Böhlau, 1989.

Mit bewaffneten Scholaren zum Streitgespräch

Die Stillhaltetaktiker haben ihre Rechnung ohne den papsttreuen Eck gemacht, der die Thesen über die menschliche Willensfreiheit und die Gnade Gottes als kirchenfeindlich verurteilt und Karlstadt zu einem öffentlichen Disput herausfordert. Das wird dem Angegriffenen nur recht gewesen sein. Solange sich Luther mit Rücksicht auf Kaiser und Kurfürst zum Schweigen verpflichtet fühlte, konnte sein Doktorvater sich womöglich zum Wortführer der Reformation aufschwingen. Woran Eck von vornherein nicht glaubt. Er zielt auf Luther, indem er Karlstadt provoziert. Luther versteht: Er kann unmöglich zu Hause bleiben. So wird aus einem Gelehrtenstreit bitterster Ernst.[30]

Am 24. Juni 1519 zieht die Wittenberger Delegation in die Messestadt ein. Im vorderen Wagen sitzt Karlstadt, von Büchern umgeben, im zweiten fahren Luther und dessen wichtigster Mitstreiter Philipp Melanchthon. Neben ihnen geht

---

30 Hermann Barge: Andreas Bodenstein, a. a. O., Bd. 1, S. 133; Brecht, a. a. O., S. 288.

ein Ehrengeleit von 200 bewaffneten Studenten einher. Einige von ihnen randalieren in der Stadt. Rangeleien mit den Anhängern des Gegners waren bei Scholaren damals so beliebt wie heute bei Fußballanhängern. Luther ist das nicht geheuer; aber er lässt sich wohl oder übel eskortieren. Er darf sich nicht sicher fühlen, steht er doch unter der Androhung von Acht und Bann.

Im Gegensatz zu Luther ist Karlstadt auf Aufsehen erpicht. Er leitet Lukas Cranach d. Ä. an, ein satirisches Flugblatt über den Einzug des „Himmels-" und des „Höllenwagens" in Leipzig anzufertigen und verteilen zu lassen. Aber ach, als Propagandist hat er kein Glück! Kurz nach der Einfahrt in die Stadt soll ein Rad von Karlstadts Wagen abgesprungen sein. Karlstadt stürzt zu Boden und muss von Ärzten versorgt werden. Welch schlechtes Omen![31]

Auf Betreiben Georg des Bärtigen findet die Disputation in der Pleißenburg am Rande der Altstadt statt. Heute erhebt sich dort das Neue Rathaus. Der Herzog des albertinischen Sachsens, Vetter, Mit- und Gegenspieler von Luthers Landesherrn Kurfürst Friedrich dem Weisen, hat sich als entschiedener Gegner der Lehren von Hus und Luther einen Namen gemacht. Theologisch gebildet, ist er nicht nur Gastgeber, sondern anstelle der Universität Leipzig auch Schirmherr der Veranstaltung. Sein vorrangiges Ziel ist es, seiner 1409 von Prager Flüchtlingen, Vorkämpfern gegen die Hussiten, ge-

---

31 Barge, a. a. O., S. 146; 151; Gerhard Brendler: Martin Luther: Theologie und Revolution. Berlin: VEB Deutscher Verlag der Wissenschaften, 1983, S. 164; Rosemarie Schuder: „Ich kenne den Teufel", a. a. O., S. 46.

gründeten Landesuniversität durch die Ausrichtung der Disputation wieder zu höherem Ansehen zu verhelfen – zumal im Wettstreit mit der von Friedrich dem Weisen gegründeten, rasant aufstrebenden Universität Wittenberg. Am liebsten hätte Georg der Leipziger *Alma Mater* auch die Schiedsrichterrolle zugespielt. Für Luther und Karlstadt ist das beileibe nicht die beste Konstellation. Eck bewegt sich in Leipzig wie ein Fisch im Wasser. Die Leipziger Zuhörer zollen ihm überall Beifall. Dagegen fühlen sich Karlstadt und Luther von den Leipzigern und von Herzog Georg wie „die verhasstesten Feinde" behandelt. Und in der Tat, es war alles so arrangiert, dass Luther und Karlstadt nicht obsiegen konnten.[32]

---

32 Christoph Volkmar: Reform statt Reformation. Die Kirchenpolitik Herzog Georgs von Sachsen 1488–1525. Tübingen: Mohr Siebeck, 2008; Gert Wendelborn: Martin Luther. Leben und reformatorisches Werk. Berlin: Union Verlag, 1981, S. 117 ff.; Brecht, a. a. O., S. 291; Heinrich Bornkamm: Das Jahrhundert der Reformation. Gestalten und Kräfte. Frankfurt/Main: Insel-Verlag, 1983 = Insel Taschenbuch 713, S. 186 f.

Nicht Petrus, sondern Christus

Ein welch geschickter Gegner der altgläubige Vizekanzler der Universität Ingolstadt war, hatte sich bereits im Vorfeld gezeigt. Johannes Maier, der sich nach seiner schwäbischen Vaterstadt Egg an der Günz *Eck* nannte, war nicht nur einer der kompetentesten Theologen, sondern auch einer der flammendsten Redner in deutschen Landen. Er mochte zwar nicht so bibelfest sein wie Karlstadt und Luther, aber in der Kirchengeschichte und im Kirchenrecht, Materien, um die es in der Disputation gehen sollte, war er den beiden Reformatoren überlegen. Geschickt spitzt er die Auseinandersetzung so zu, dass Luther nichts anderes übrigbleibt, als Karlstadt beizuspringen. In Leipzig wird Klartext geredet. Luther lässt sich zu einem unumstößlichen Bekenntnis provozieren: Der Fels, auf den die Kirche gebaut sei, ist nicht Petrus, sondern Christus. Das bezeuge die einzig wahre Quelle, nämlich die Bibel (Matthäus 16,18; 1. Korinther, 3,11) Dagegen könnten der Papst und die Konzilien irren. Und die Konzilien! Diese

Aussage erschüttert das alte Weltbild noch stärker als Luthers Protest gegen den Ablass.[33]

Für Eck sind das ketzerische Aussagen mit hussitischem Beigeschmack. Und wahrhaftig gelingt es ihm, Luther zu der Aussage zu provozieren, dass manche Artikel Hussens und der Hussiten christlich und zu Unrecht verdammt worden seien. Der Landesherr, Herzog Georg, ist entsetzt. Eck triumphiert. Für ihn ist und bleibt der Papst Oberherr über die Kirche, und Luthers Ungehorsam gegenüber dem Papst macht für Eck aus dem ehemaligen Freund einen Ketzer, den es zu verdammen gilt. Schlitzohrig erklärt er sich zum Sieger der Leipziger Disputation. Zu allem Überfluss bestätigen die Universitäten Paris und Erfurt, denen die Leipziger Disputanten die Schiedsrichterrolle zuerkannt hatten, dieses Urteil.[34]

Was den Leipziger Kampfplatz im Umfeld von Herzog Georg angeht, trifft das Verdikt auf begeisterte Zustimmung. Aber bei der Auseinandersetzung handelt es sich ja nicht nur um ein lokales Ereignis. Sie erregt die öffentliche Meinung in allen deutschen Landen und darüber hinaus. Vor allem bei der Jugend findet Luther Anklang sowie bei Rittern (Ulrich von Hutten!) und Literaten. Und bei befreundeten Geistesgrößen wie Melanchthon und dem Pfarrer der Stadtkirche Wittenberg, Johannes Bugenhagen.[35]

---

33 Seibt, a. a. O., S. 59; Volkmar Joestel, a. a. O., S. 19 f.
34 Barge, a. a. O., I, S. 153 ff.; Brecht: Martin Luther, a. a. O., S. 209 f.; S. 285 ff.; Karl Brandi: Reformation und Gegenreformation. 5. Aufl. Frankfurt/Main: Societäts-Verlag, 1979, S. 66.; Bornkamp, a. a. O., S. 189.
35 Karl Brandi: Reformation und Gegenreformation, a. a. O., S. 67.

Karlstadt, der rigorose Pionier: Die Bibel, alleinige Offenbarungsurkunde

Karlstadt kann sich rühmen, schon 1518 die wissenschaftliche Grundlage für Luthers Lehrmeinung gelegt zu haben. In 405 Thesen hatte Luthers Doktorvater die Heilige Schrift zur Richtschnur erklärt: „… keine andern Wort / keiner andern schrift / keinem andern Evangelio ist zu glauben, dan das die heilige Bibel inhelt." Papst und Konzil können irren; die Heilige Schrift ist die alleinige Offenbarungsurkunde. Dabei geht es Karlstadt, auch das ist wegweisend, nur um Aussagen „von" Christus und nicht um Schilderungen „über" Christus. In dieser Unbedingtheit hatte vorher noch niemand die Bibel und das Schriftprinzip als alleinige Autorität hervorgehoben. Karlstadt, der rigorose Pionier. Karlstadt, der Systematiker. 1519 wiederholt der streitbare Bibelkenner sein Bekenntnis zur Heiligen Schrift als Richtschnur und Lebensquell in einer Version für das Volk. Damit appelliert der kleine Reformator schon ein halbes Jahr vor dem großen Reformator an die breite Masse. Karlstadt, der Übersetzer für alle Schichten.

Karlstadt und Luther Hand in Hand. Aber der kleinere zieht und zerrt. Er gibt sich nie zufrieden.[36]

---

36 Hermann Barge: Andreas Bodenstein von Karlstadt, 2 Teile, Leipzig 1905; hier: Teil 1, S. 118 f.; S. 172 f.; Friedel Kriechbaum: Grundzüge der Theologie Karlstadts, Hamburg-Bergstedt: Evangelischer Verlag, 1967, S. 14.

Bruch mit Rom und den Universitäten

Hat Karlstadt Luther in Verlegenheit, womöglich sogar ins Abseits manövriert? Mitnichten. Vielmehr verhalf der kompromisslose Drängler der Reformation endgültig zum Durchbruch. Luther bekennt 1519 gegenüber Eck in dramatischer Eile, was er früher oder später ohnehin preisgegeben hätte: Er erkennt keine andere Autorität als die Bibel an, also weder den Papst noch ein Konzil. Mithin stimmt er Jan Hus zu, der, in Konstanz für diese Aussage verbrannt, noch immer als Ketzer gilt. Infolgedessen bricht der Wittenberger Reformator mit Rom, mit der Konzilspartei in Paris und den Universitäten, die Paris huldigen. Und leider auch mit Erasmus von Rotterdam.

Was dem Fundamentalisten Luther nicht in die Augen sticht, sind die Helligkeit des Humanismus und die Strahlkraft der Renaissance.[37]

Es war Luther klar, wie der Vatikan darauf reagieren würde – mit dem Kirchenbann. Wochenlang bereitet der Reformator sich darauf vor. Auch Eck bleibt nicht untätig. Luther

---

37 Horst Hermann: Martin Luther. Ketzer und Reformer, Mönch und Ehemann. München: Orbis Verlag, Sonderausgabe 1999, S. 92–94.

kommt die Antwort aus Rom verdammt „eckisch" vor. In der Tat: 1520 vorübergehend in die Vatikanstadt berufen, hat der Ingolstädter Vizekanzler die Formulierung der Bannandrohungsbulle wesentlich beeinflusst. Unter seiner Regie verurteilt das apostolische Verdikt 41 Irrtümer aus Luthers Schriften als häretisch oder skandalös oder „beleidigend für fromme Ohren". Der Autor der Bulle Exsurge Domine wurde auch mit ihrer Vollstreckung beauftragt, und er durfte die Namen von Luthers Anhängern auf die Bannbulle setzen. Das traf in erster Linie Karlstadt.[38]

---

38 Barge, a. a. O., I, S. 219; Karl Müller: Luthers römischer Prozeß. In Zeitschrift für Kirchengeschichte 24, 1903, S. 46–85; Remigius Bäumer (Hg.): Lutherprozeß und Lutherbann. Münster: Verlag Aschendorff, 1972, S. 18–48; Brecht: Martin Luther, a. a. O., S. 371–412.

Bücherverbrennung: Gehässiger geht es nicht

Als die Bannandrohungsbulle am 10. Dezember 1520 in Wittenberg eintrifft, lädt Melanchthon die ganze Universität zur Bücherverbrennung auf den Schindanger vor dem Elstertor ein. Dort, wo sich heute die Luthereiche erhebt, werfen der Reformator und seine Freunde einige Bände des kanonischen Rechts sowie einen Plakatabdruck der Bannandrohungsbulle ins Feuer. Mit Pathos übergibt Johannes Agricola auch einige Schriften von Eck den Flammen. Spektakulärer und provokativer ging es nicht. Und auch nicht gehässiger. Die Streithähne wünschen einander zum Teufel. Mit seinen Wittenberger Kollegen verkündet Luther: „Wir sind hier davon überzeugt, dass das Papsttum der Stuhl des wahren und leibhaftigen Antichrist sei." Papst Leo X. antwortet am 3. Januar 1521 mit dem Bannfluch. Und noch schärfer als bisher: Der „Sohn der Bosheit" soll unverzüglich an Rom ausgeliefert werden.[39]

---

39 Brecht, a. a. O., S. 371–396; Friedenthal: Luther, a. a. O., S. 303; Loewenich: Martin Luther, a. a. O., S. 121 ff.

Angstblüte

1520 erreicht Luther seinen Höhepunkt als Publizist. Die Freiheit, offen zu sagen, was er will, verschafft er sich durch einen Trick: Er datiert seine Schriften vor, indem er einen Termin vor dem Eintreffen der Bannandrohungsbulle in Wittenberg vortäuscht. Dadurch erweckt er den Eindruck, als sei seine Lage offener und sein Spielraum größer, als sie tatsächlich sind. Während er so tut, als sei er verhandlungsbereit, hat der Reformator schon mit der römischen Kirche gebrochen. Kein Wunder, dass ihn Albträume und Aftersausen plagen: Sorgen um sein Werk und Furcht um sein Leben. Und so schreibt er und schreibt er gegen die Angst an. In der Botanik nennt man das Angstblüte: Wenn ein Baum abstirbt, will er sich noch schnell vermehren und seine Gene weitertragen. Die reformatorischen Hauptschriften von „An den christlichen Adel deutscher Nation" bis „Die Freiheit eines Christenmenschen" sind Zeugnisse dieser Angstblüte. Zum Zittern und Zetern gesellen sich Durchsetzungswille und Übermut. Und siehe da:

Der Buchdruck und die rasante Verbreitung seiner Schriften erhöhen unversehens Luthers Überlebenschancen.[40]

---

40 Scholz, a. a. O., S. 59 ff.; Thomas Kaufmann: Die Druckmacher. Wie die Generation Luther die erste Medienrevolution entfesselte. München: C. H. Beck, 2022, hier S. 125.

Antichrist und Höllensturz

Solange Luther die Chance wittert, einen Kontrahenten auf seine Seite zu ziehen, bleibt er fair und kulant. Sowie er feststellt, dass der Umworbene störrisch bleibt, wird er unflätig und aggressiv. Schon in seiner Schrift „An den christlichen Adel" (1520) hat Luther prophezeit, dass Gott den *Stuhl* (!) des Papstes in den Abgrund der Hölle versenken werde. Nach solchen Vorwürfen gibt es kein Zurück. 1521 publiziert Luthers Freund Lucas Cranach 13 Bilder-Antithesen, die Christus mit dem Papst vergleichen. In der letzten Antithese stellt das polemische Passional Christi Himmelfahrt dem Höllensturz des Papstes gegenüber. Vorbild ist der Traktat des englischen Kirchenreformers John Wyclif über den schreienden Kontrast zwischen der Demut Christi und dem Machtanspruch des Papstes. Auf diese Abhandlung hatte sich schon Jan Hus bezogen. Das Neue an Luther: Er will nicht einen einzelnen Papst wegen persönlicher Makel abgesetzt, sondern das ganze Papsttum abgeschafft wissen. In der Werkstatt von Lucas

Cranach achtet Luther darauf, dass kein Beiwerk von diesem Kerngedanken ablenke.[41]

Anfang Januar 1521 wurde Luther formell gebannt und damit aus der kirchlichen Gemeinschaft ausgeschlossen. Das Andenken an ihn sollte bis über seinen Tod hinaus gelöscht werden. Damit wurde auch alles, was katholisch an ihm war, aus dem Gedächtnis gestrichen. Offiziell hat die katholische Kirche diesen Bannfluch bis heute nicht aufgehoben, wenn er auch in Deutschland kaum noch beachtet wird.

....
41 Hartmann Grisar und Franz Heege: Luthers Kampfbilder. Freiburg im Breisgau: Herder Verlagsbuchhandlung, 1922; Kurt Reumann: Das antithetische Kampfbild. Diss. Freie Universität Berlin 1964, gedruckt 1966, S. 14–24; 37–46; Susanne Zeunert: Bilder in Martin Luthers Tischreden. Argumente und Beispiele gegen die Laster Hochmut, Abgötterei und Betrug. Diss. Universität Trier, 2016; Thomas Kaufmann: Martin Luther, a. a.O, S. 106–115.

„Mönchlein, Mönchlein, du gehst einen schweren Gang!"

Die Stimmung war also aufgeheizt, als Kaiser und Reichsstände im April 1521 nach Worms zum Reichstag luden. Luther macht sich am 4. April mit mehreren Begleitern auf den Weg. Seine Fahrt gleicht einem Triumphzug; allenthalben schlägt ihm Jubel entgegen. Die Zustimmung der Bevölkerung ist sein Kapital. Aber ein Spaziergang wird das nicht. Georg von Frundsberg, Landsknechtführer in Habsburger Diensten, wusste es besser. Er soll gesagt haben: „Mönchlein, Mönchlein, du gehst einen schweren Gang!" Und er soll Luther voller Respekt Mut in vorderster Reihe bescheinigt haben. Wie gesagt: Mut hat man nicht, weil man keine Furcht hätte, sondern weil man trotz aller Angst zu seiner Sache steht.

Karl V. hatte Luther mit Rücksicht auf die Mehrheit der Reichsstände und die öffentliche Meinung wissen lassen, dass er vor dem Reichstag Auskunft über seine Lehren und Bücher geben solle.[42] Das konnte so ausgelegt werden, dass Luther die Chance erhalten sollte, seine Lehre in einer Disputation zu verteidigen, und weil der Reformator sich nichts sehnlicher wünschte, verstand er es so. Aber als er am ersten Tag des Verhörs in den Saal geführt wird, stellt er alsbald fest, dass ihm nicht die Gelegenheit zu einem Streitgespräch gegeben werden soll. Der Kaiser taktiert mit einer doppelten Moral. Ohne Wissen der Reichsstände hat er parallel zur offiziellen Einladung wissen lassen, dass Luthers Schriften eingezogen und vernichtet werden sollen. Eine Vorverurteilung.[43]

Am 17. und 18. April steht Luther im Bischofshof zu Worms vor seinen Anklägern. Also nicht vor dem Reichstag, wie es Luthers Landesherrn, dem sächsischen Kurfürsten, versprochen worden war, sondern in der Bischofsresidenz, in der Karl V. abgestiegen ist. Mit diesem protokollarischen Kunstgriff ist es dem 19 Jahre alten Kaiser gelungen, den reichsrechtlichen Status der Begegnung offenzuhalten. Wieder einmal soll Luther abseits der großen Bühne verhört werden. Offiziell steht er nicht einmal auf der Tagesordnung. Aber der Öffentlichkeit ist seine Anwesenheit nicht entgangen. Der päpstliche Gesandte, Nuntius Aleander, berichtet nach Rom, täglich regne es lutherische Schriften in deutscher und lateinischer Sprache; es werde nichts anderes verkauft als Luthers Skripten. Die neue Technik des Buchdrucks entfaltet ihre Wirkung. Unter diesem Eindruck klagt Aleander, 90 Prozent

---

42 Deutsche Reichstagsakten unter Kaiser Karl V., Bd. 2, bearbeitet von Adolf Wrede, Gotha 1896, S. 526 f., Nr. 73.

43 Martin Brecht: Martin Luther, a. a. O., S. 443 ff.; Heinz Schilling: Martin Luther, a. a. O., S. 205 ff.

der Deutschen erhebe das Feldgeschrei „Luther". Und wenn es nur 70 Prozent gewesen wären: Das hätte ausgereicht, um den Fall zu behandeln.

Ein Eck an allen Ecken

Die Ironie der Geschichte will es, dass der Beklagte es wieder mit einem Eck zu tun hat: nämlich mit dem Trierer Priester Johann von der Ecken (Eccius, von der Eck), der nicht mit dem Ingolstädter Luther-Gegner Johannes Eck verwechselt werden darf. Als Rat des Erzbischofs von Worms ist der formal gewandte Jurist anstelle des kaiserlichen Beichtvaters Glapion mit dem Verhör beauftragt worden – wieder so ein Verfahrenstrick. 1515 war von der Ecken mit seinem Erzbischof nach Rom gereist, um Ablässe für die Trierer Domkirche zu erstehen. Als Kommissar hatte er einen beträchtlichen Teil aus deren Ertrag eingestrichen. Luther ist also an einen Ablass-Spezialisten geraten, der nicht nur über theoretische Kenntnisse, sondern auch über praktische Erfahrungen verfügt, um es zynisch zu sagen.

Von der Ecken stellt Luther nur zwei Fragen: Ob er sich zu seinen Büchern bekenne und ob er „etwas aus ihnen" widerrufen wolle. Man muss genau zuhören: *etwas* aus ihnen. Womöglich hätte man sich mit einem Teilwiderruf zufriedengegeben.⁴⁴ Die erste Frage beantwortet der Verhörte mit einem eindeutigen Ja: Ja, er bekenne sich zu seinen Büchern. Zur Beantwortung der zweiten Frage erbittet er sich Bedenkzeit. Seine Begründung dafür lässt allerdings schon auf die Antwort schließen, die er geben wird: Er wolle nichts sagen, was ihn in Widerstreit bringe mit dem Wort Christi.

Die Bedenkzeit wird Luther gewährt. Alles andere wäre ungewöhnlich gewesen. Am nächsten Abend lässt man den Beklagten zwei Stunden lang warten. Dann wiederholt von der Ecken seine beiden Fragen. Die erste beantwortet der Reformator wie am Vortag, fügt allerdings hinzu, er könne sich nur zu seinen Büchern bekennen, wenn darin nichts geändert oder entstellt worden sei. Luther war ein gebranntes Kind; diffamierende Fälschungen waren an der Tagesordnung.

Zur Beantwortung der zweiten Frage führt Luther des längeren aus, dass seine Bücher nicht alle von ein und derselben Art seien. Da gebe es einige, von denen selbst seine Gegner sagten, dass sie unschädlich, ja nützlich seien. Warum solle er, der Autor, sie als einziger widerrufen? Die zweite Gattung richte sich gegen das Papsttum und die Papisten. Niemand könne leugnen, dass die Papstgesetze und die von den Menschen erfundenen Lehren das Gewissen peinigten sowie Hab und Gut des deutschen Volkes in der unwürdigsten Weise verschlängen. Wollte er, Luther, diese Schriften widerrufen,

....

44 Armin Kohnle: Gewissensreligion? – Luthers Wormser Rede neu gelesen, publiziert von der Arbeitsgemeinschaft für Sächsische Kirchengeschichte, S. 4 f. Siehe auch Armin Kohnle: Reichstag und Reformation. Kaiserliche und ständische Religionspolitik von den Anfängen der Causa Lutheri bis zum Nürnberger Religionsfrieden. Gütersloh: Gütersloher Verlagshaus, 2001.

würde er sich zum Handlanger von Blutsaugern und Tyrannen machen. Zur dritten Sorte gehörten Bücher, die sich gegen einzelne Persönlichkeiten richteten, welche die römische Tyrannei schützten. Er bekenne, dass er dabei heftiger vorgegangen sei, als es nötig gewesen wäre; aber widerrufen könne er auch diese Publikationen nicht. Geschickter hätte Luther es kaum anstellen können, eine inhaltliche Diskussion über seine Bücher zu erzwingen.

„Gott helfe mir!"

In seiner längeren Gegenrede fordert von der Ecken Luther auf, er möge endlich eine „ungehörnte" Antwort geben. Ohne zu zögern, entgegnet Luther mit dem Bekenntnis „ohne Hörner und Zähne", das in unsere Geschichtsbücher eingegangen ist: „Wenn ich nicht durch das Zeugnis der Heiligen Schrift oder einsichtige Vernunftgründe überwunden werde – denn weder dem Papst noch den Konzilien allein vermag ich zu glauben, da es feststeht, dass sie wiederholt geirrt und sich selbst widersprochen haben –, so halte ich mich für überwunden durch die Schriftstellen, die ich angeführt habe. Weil nun aber mein Gewissen in Gottes Worten gefangen ist, kann und will ich nichts widerrufen, weil gegen das Gewissen zu handeln weder sicher noch lauter ist. Gott helfe mir. Amen." Dass Luther auch: „Hier stehe ich; ich kann nicht anders!" geäußert haben soll, ist eine Legende, die wie so viele Mythen besser zusammenfasst, was geschehen und gesagt worden ist, als alle Tatsachenberichte.

Von der Ecken fordert Luther, scheinbar ohne Arg, auf, eine „ungehörnte" Antwort zu geben. Förmlich lief das auf einen Sieg des Reformators hinaus; denn der Begriff „Ohne Hörner und (Stoß-)Zähne" war ein Terminus technicus aus der spätmittelalterlichen Disputationspraxis. Ließ Luthers Gegenspieler sich etwa darauf ein, mit dem Wittenberger nach den Regeln des mittelalterlichen Streitgesprächs, also auf gleicher Augenhöhe, zu disputieren? Ohne Zögern greift Luther den Faden auf: Ja, er wolle eine Antwort „ohne Hörner und Zähne" geben. Er ließ keine Chance aus, auch wenn sie nur einen formalen Vorteil brachte. Dabei ist ihm natürlich klar, was von der Ecken eigentlich meinte: „Ohne Hörner und Zähne" bedeutete ja auch ohne Hintersinnigkeit und Zweideutigkeit, offen und ehrlich. Von Luther wurde verlangt, was man selbst einzuhalten nicht bereit war. Es war ein Ritt auf des Messers Schneide.[45]

---

45 Armin Kohnle: Martin Luther und das Reich. Glaubensgewißheit gegen Zwang. In: Mariano Delgado, Volker Leppin und David Neuhold (Hg.): Ringen um die Wahrheit. Gewissenskonflikte in der Christentumsgeschichte. Fribourg/Stuttgart: Kohlhammer, 2011, S. 195.

Kaiserliches Edikt vordatiert

Am 26. April 1521 reist Luther aus Worms ab. Am 25. Mai findet die Schlusssitzung des Reichstags statt. Noch am selben Tag erlässt Karl V. das „Wormser Edikt". Mit diesem Erlass verhängt der Kaiser die Reichsacht über Luther: Jedermann, der seiner habhaft werden kann, soll den Geächteten an Rom ausliefern. Ihn zu beherbergen wird ebenso verboten wie die Lektüre und Verbreitung seiner Bücher. Für Altgläubige ist Luther fortan eine Unperson. Wer mit ihm und seinen Mitstreitern Umgang pflegt, unterliegt dem Interdikt, d. h. er darf nicht mehr am Gottesdienst teilnehmen, und ihm bleibt ein christliches Begräbnis versagt. Die mit Luther sympathisierenden Kurfürsten waren bereits vor der Verkündigung des kaiserlichen Edikts abgereist. Um den Anschein zu erwecken, als sei das Mandat noch während der Sitzung mit Zustimmung der Reichsstände zustande gekommen, wird es vordatiert. Es ist immer wieder der gleiche, aber nichtsdestoweniger probable Trick: Vordatierung oder Späterdatierung erweckt den Anschein von Seriosität.

Der Kaiser und seine Berater hatten ein achtbares Motiv für ihre Manipulationen. Um es noch einmal hervorzuheben:

In Karls Person erreichten die Habsburger zum ersten Mal den Status einer Weltmacht. Eine gemeinsame Religion wäre eine unschätzbare Klammer für sein Weltreich gewesen, und daher träumt der ehrgeizige Herrscher von einem vereinten Christenreich. Aus seiner Sicht ist Luther der Spalter des christlichen Imperiums, und der Delinquent muss daher beseitigt werden. Wenn Karl V. nicht entschlossen handelt, fällt das Reich auseinander. Wie ernst die Lage ist, zeigt die Reaktion des sächsischen Kurfürsten: Der wichtigste Gegenspieler des Kaisers verbittet sich die Zustellung des Wormser Edikts. Die Warnung, das Reich falle auseinander, ist nicht übertrieben.

Sternstunde der Geschichte?

Nach seinem Auftritt in Worms ist Luther immer wieder als Held der Gewissensfreiheit gefeiert worden. Dabei bezog man sich vor allem auf die Sätze „Mein Gewissen ist gefangen in Gottes Wort" und „Es ist nicht geraten, etwas gegen das Gewissen zu tun." Hat Luther mit diesem persönlichen Bekenntnis die Bedeutung des Glaubens und die Würde des Menschen neu definiert? Hat er damit ein neues Zeitalter eingeleitet, das die persönliche Freiheit über alle kirchlichen und staatlichen Machtansprüche stellt? Diese Meinung vertritt Alexander Demandt in seinem Buch „Sternstunden der Geschichte". Der Althistoriker, der am Meinecke-Institut der Freien Universität Berlin lehrte, schlägt von Luther den Bogen zu unseren Bundestagsabgeordneten, die laut Grundgesetz vorrangig ihrem Gewissen verpflichtet sind: „Alle Menschen sind frei und gleich an Würde und Rechten geboren. Sie sind mit Vernunft und Gewissen begabt und sollen einander im Geiste der Brüderlichkeit beggnen." (Artikel 2). Auch die UNO sah, wie die „Allgemeine Erklärung der Menschenrechte" (1948) bezeugt, in Luther einen ihrer Ahnherren. Über die Streitfrage, inwieweit das berechtigt sei und inwiefern nicht, kann man

Bücher schreiben. Nur so viel sei dazu noch angemerkt: Zum Nationalhelden wurde Luther vor allem im 19. Jahrhundert erklärt, als man sich nach Einheit und Freiheit sehnte. Mit Religion hatte das nicht viel zu tun.[46]

---

46 Gerhard Ebeling: Das Gewissen in Luthers Verständnis. Leitsätze. In: Ders.: Lutherstudien, Bd. 3, Tübingen: Mohr, 1985, S. 108–125; 385–389; Alexander Demandt: Sternstunden der Geschichte. München: C. H. Beck, 2000; Karl Kupisch: Von Luther zu Bismarck. Zur Kritik einer historischen Idee. Berlin–Bielefeld: Haus und Schule, 1949; Henrike Holsing: Luther – Gottesmann und Nationalheld. Diss. Köln 2004.

Fingierter Überfall

Auf dem Rückweg von Worms werden Luther und seine Begleiter in einem Hohlweg nahe Burg Altenstein bei Eschwege von geharnischten Soldaten überfallen. Sein Landesherr, Kurfürst Friedrich von Sachsen, hatte Luther bereits in Worms – in aller Heimlichkeit – wissen lassen, es werde ihn unterwegs irgendwer „eintun". In der Nähe der Burg Altenstein in Thüringen ereignete sich am 4. Mai 1521 ein fingierter Überfall, der Weltgeschichte machen sollte. Der Fuhrmann der Reisekutsche, mit angespannter Armbrust befragt, ob er Luther bei sich habe, bejaht. Der Reformator wird unter Flüchen aus dem Wagen gezerrt. Seine nichtinformierten Begleiter schlagen sich in die Büsche. Luther reißt geistesgegenwärtig sein griechisches Neues Testament (in der Ausgabe von 1518) und die hebräische Bibel an sich, bevor er sich festnehmen lässt. Eine Strecke Wegs muss er neben den Gäulen einherstolpern. Dann setzt man den Desorientierten auf ein Pferd und reitet mit ihm stundenlang im Walde hin und her. Ach, Luther, du hast ja noch nie Sitzfleisch gehabt, und jetzt musst du zu reiten lernen wie ein Junker! Es soll so aussehen, als hätten kaiserliche Häscher sich des Geächteten bemächtigt, und Luther spielt mit, so gut er kann. Erst gegen 23 Uhr kommen die

„Entführer" mit dem ungeübten Reitersmann auf der Wartburg am nordwestlichen Ende des Thüringer Waldes an. Jetzt muss er auch seine Kutte gegen ein bereitliegendes Rittergewand eintauschen.

Der Coup ist geglückt. Die Festnahme soll nicht nur den Reformator vor Gefahr bewahren, sondern auch den Kurfürsten selbst. Bann und Reichsacht setzten jeden einem Risiko aus, der einen Verfemten beherbergte. Mit seinem Manöver schützt sich der Kurfürst vor Vorwürfen. In Schutzhaft verwandelt sich der Augustinermönch in Junker Jörg, indem er sich Haar und Bart wachsen lässt und die Kutte gegen ein Ledergewand eintauscht.[47]

Der Reformator nutzt die neun Monate, die er vom 5. Mai 1521 bis zum 1. März 1522 auf der Wartburg verbringt, zur Übersetzung der Bibel aus dem Griechischen und Lateinischen ins Deutsche, genauer: ins Sächsische. Seine Übertragung war beileibe nicht die erste. Vor ihm gab es bereits 18 gedruckte deutsche Bibelausgaben. Aber es war die bei weitem einflussreichste, und das lag nicht nur an der Erfindung des Buchdrucks. Luthers Bibelübersetzung war auch die schönste. Und sie ist bis heute die schönste geblieben: zupackend, bilderreich, zu Herzen gehend. Sein Übersetzungsprinzip: „Man muss dem Volk aufs Maul schauen" ist zum geflügelten Wort geworden. Luther hat, wie er beteuert, dem gemeinen Mann auf dem Markt, der Mutter im Hause und den Kindern auf

---

47 Ich folge mit meiner Darstellung nicht Richard Friedenthal, der meint, der nichtsahnende Luther sei Todesängsten ausgesetzt gewesen (Luther, a. a. O., S. 346 f.), sondern Horst Herrmann (a. a. O., S. 258 f.).

den Gassen zugehört, wie sie reden. Deshalb ist seine Sprache so lebensnah und anschaulich.[48]

---

[48] Scholz, a. a. O., S. 161 ff.; Andreas Müller/ Katharina Heyden (Hg.): Bibelübersetzungen in der Geschichte des Christentums. Leipzig: Evangelische Verlagsanstalt, 2020; Karl-Heinz Göttert: Luthers Bibel. Geschichte einer feindlichen Übernahme. Frankfurt/M.: S. Fischer, 2017.

Ringen um jedes Wort

Der Reformator hat um jedes Wort gerungen. Seine Mitübersetzer Philipp Melanchthon und Johannes Bugenhagen berichten, sie hätten oft wochenlang über ein einziges Wort nachgedacht und seien immer noch nicht zufrieden gewesen. Eine solche Stelle war Vers 28 im Römerbrief des Paulus, der die Kernfrage der Reformation aufwirft. Luther entscheidet sich für die Formulierung, dass der Mensch *allein* durch den Glauben gerecht werde. Das Wort „allein" kommt im griechischen Urtext nicht vor; aber es drückt am besten aus, was Luther sagen will. Der Streit mit den Papisten geht darum, ob man nicht auch durch gute Werke vor Gott gerecht werde. Luther beantwortet das mit einem klaren Nein. Was nicht heißt, dass Protestanten nicht auch gute Werke vollbrächten. Wer glaubt, leistet auch Gutes, aber nicht aus Berechnung, nicht zur Rettung des Seelenheils, sondern als selbstverständliche Beigabe.

Das Wort ist für Luther mehr als ein Verständigungsmittel. Das geht aus seiner Übersetzung des Johannes-Evangeliums am deutlichsten hervor. Das erste Kapitel beginnt nicht etwa mit der Geburt, der Kindheit oder Taufe Jesu, sondern mit einem philosophischen Prolog: „Im Anfang war das Wort, /

Und das Wort war bei Gott, / Und das Wort war Gott." Dieser Glaubenssatz läuft auf die Fleischwerdung des ewigen Worts Gottes hinaus: „Und das Wort ist Fleisch geworden / Und hat unter uns gewohnt, / Und wir haben seine Herrlichkeit gesehen, / Die Herrlichkeit des einzigen Sohnes vom Vater, / Voll Gnade und Weisheit." (Vers 14)

Das Original des Johannes-Evangeliums ist verloren gegangen. Es spricht viel dagegen, dass sein Verfasser Augenzeuge oder Jünger Jesu war. Allerdings wird er den Text auf Griechisch verfasst und den Begriff „Logos" für „Wort" gewählt haben – eine schillernde Bezeichnung. Es gibt mehr als 200 Synonyme für *Wort*. So kann es Rede, Sprache, Lehre, Kunde, Begriff, Sinn, Vernunft, Weltvernunft und eben auch „Mensch gewordenes Wort Gottes" bedeuten.

Goethe:
Im Anfang war die Tat!

Darüber hat bereits ein anderer Sprachkünstler nachgedacht,
nämlich Johann Wolfgang Goethe im „Faust":
Geschrieben steht:

„Im Anfang war das Wort!
Hier stock ich schon! Wer hilft mir weiter fort?
Ich kann das Wort so hoch unmöglich schätzen,/
Ich muss es anders übersetzen,/
Wenn ich vom Geiste recht erleuchtet bin.
Geschrieben steht: Im Anfang war der Sinn.
Bedenke wohl die erste Zeile,
Dass deine Feder sich nicht übereile!
Ist es der Sinn, der alles wirkt und schafft?
Es sollte steh'n: Im Anfang war die Kraft!
Doch, auch indem ich dieses niederschreibe,
Schon warnt mich was, dass ich dabei nicht bleibe.
Mir hilft der Geist! Auf einmal seh' ich Rat
Und schreib' getrost: Im Anfang war die Tat." (1808)

Wir lernen daraus: Eine Übersetzung kann das Original nie buchstäblich wiedergeben. Wer das nicht einsah, musste sich von Luther den Vorwurf gefallen lassen, ein „Buchstablist" zu sein. Was zu der Einsicht führt: Der Übersetzer muss erfinderisch sein. Und daraus folgen unvermeidlich neue Missverständnisse und Widersprüche. Welch eine Chance! Für Diskussionsthemen bleibt gesorgt.

Luthers Bibelsprache sorgt für Einheit

Luther war der Spalter. Wer den Papst in Glaubensdingen nicht als erste Instanz anerkannte, musste den Protestanten wohl oder übel folgen – auch die Fürsten. Dabei hat der Reformator die Spaltung anfangs ebenso wenig gewollt wie Kaiser Karl V. Aber der Spalter war auch der Einiger, weil seine Bibelübersetzung die Spracheinheit herstellte. Von Bayern bis Schleswig-Holstein versteht jeder, was ein „Lückenbüßer", „Lästermaul" oder „Menschenfischer" ist. Heinrich Heine strahlte: Luthers „Schriftsprache gibt unserem politisch und religiös zerstückelten Deutschland eine literarische Einheit". In dieses Lob stimmten alle ein: von Goethe bis Nietzsche, von Engels bis Herder. Der Märchensammler Jacob Grimm nannte Luthers Bibelsprache den „protestantischen Dialekt". Der Reformator zog die Deutschen durch seinen Zungenschlag noch mehr auf seine Seite als durch seine Lehren.

Das lag nicht nur an der Anschaulichkeit und Kraft seiner Sprache, an Wortschöpfungen, Sprachbildern, Gleichklängen und musikalischem Schwung. Hinzu kam der glückliche Umstand, dass er an der Sprachgrenze zwischen Nord- und Süddeutschland lebte. Die sächsische Kanzleisprache (oder auch das Meißner Kanzleideutsch) bot die beste Voraussetzung für ein den Dialekten übergeordnetes Standarddeutsch. In seinen Tischreden beteuerte Luther: „Ich rede nach der sächsischen Kanzlei, welcher nachfolgen alle Fürsten und Könige ..."[49]

---

[49] Martin Luther: Tischreden. Weimarer Ausgabe, Kap. 70; Hans-Ulrich Delius (Hg.): Martin Luther. Studienausgabe, Bd. 1, Berlin: Evangelische Verlagsanstalt, 1979, S. 13–28.

Karlstadt in Dänemark

Karlstadt konnte wenig für Luther tun; aber wenn er gebeten wurde einzuspringen, half er. Deshalb ließ er sich auch 1521 als Berater König Christians II. nach Dänemark schicken. Der sächsische Kurfürst Friedrich der Weise, ein Onkel des dänischen Königs, hatte ursprünglich Luther für diese Aufgabe vorgesehen. Aber nach den Vorfällen in Worms schien das nicht mehr angebracht, zumal Christian II. mit Isabella, der Schwester Kaiser Karls V., verheiratet war. Außerdem hielt es der Kurfürst für angebracht, Karlstadt, den unumstritten zweiten Mann in Wittenberg, aus der Gefahrenzone zu entfernen. Der Gutwillige kam vom Regen in die Traufe. Dem als Gast Eingeladenen wurde bedeutet, dass er den König um Erlaubnis zu fragen habe, falls er etwas gegen den Papst vorzubringen gedenke. Wie sollte der „Berater" da bei Reformen helfen? Karlstadt konnte es nicht entgehen, dass Christian II. ein Wüstling und rücksichtsloser Diktator war. Daher hat Luthers Doktorvater Dänemark schon nach wenigen Wochen wieder verlassen. Eine traurige Erfahrung.[50]

....
50 Barge, a. a. O., Bd. 1, S. 240–310.

Laien nehmen den Kelch selbst in die Hand

Aber Karlstadt wäre nicht Karlstadt gewesen, hätte er sich von seinem Ziel abschrecken lassen, den Gottes- und Bibeldienst weiter zu radikalisieren und das Laientum aufzuwerten. Während Luther 1521 auf der Wartburg mit Text und Teufel ringt, bereitet sich dessen Doktorvater auf den Weihnachtsgottesdienst vor. An der Kirche Allerheiligen in Wittenberg laden Ausrufer im Namen des „hochwürdigen Archidiakons Bodenstein" zur Mitternachtsmesse für Christi Geburt ein: „Niemand muss zum Empfang des Abendmahls nüchtern sein. Niemand braucht vorher zu beichten. Es genügt, freudigen Herzens zur Feier zu erscheinen." Und sie kommen zuhauf. Im Kirchenschiff versammeln sich Nonnen und Mönche, Studenten und Handwerker, Begüterte und Bettler. Karlstadt erscheint nicht im festlichen Ornat, sondern wie ein Bauer im grauen Kittel. In der Predigt erläutert er seine reformatorischen Ideen auf Deutsch, damit Laien ihn besser verstehen können. Aber das ist nicht das Revolutionäre. Avantgardistisch wirkt vielmehr, dass Karlstadt die Laien beim „Abendmahl in beiderlei Gestalt" (Brot und Wein) den Kelch selbst in die Hand nehmen lässt. Damit wird demonstriert, dass die

Heilsvermittlung durch den Priester aufgehoben ist. Zwischen Gott und den Christenmenschen soll es keine Mittler geben. Außerdem sollen inspirierte Laien, vom Heiligen Geist erfüllt, die Bibel auslegen.[51]

Das alles erinnert mich lebhaft an den Gottesdienst in der evangelischen Andreasgemeinde zu Niederhöchstadt bei Frankfurt, der ich angehöre.

Als Luther auf der Wartburg festsaß, ruhten seine Anhänger in Wittenberg nicht. Sie glaubten, den Worten Taten folgen lassen zu müssen. Aus der Reformation drohte eine Revolution zu werden. Luther wird wenigstens eine Ahnung davon gehabt haben, was Karlstadt trieb. Aber er unternimmt zunächst nichts gegen ihn. Die Bibelübersetzung verlangt volle Konzentration. Außerdem hat der Reformator Friedrich dem Weisen versprochen, während seiner Schutzhaft auf der Wartburg stillzuhalten. Und schließlich billigt er die meisten Vorstöße seines umtriebigen Doktorvaters: den Gottesdienst auf Deutsch, den Laienkelch, die Heirat zwecks Familiengründung.

---

51 Volkmar Joestel, a. a. O., S. 26; Rosemarie Schuder: „Ich kenne den Teufel!", a. a. O., S. 55 f.

Heirat aus Prinzip

Im Januar 1522 hat Karlstadt, damals 40 Jahre alt, durch seine Heirat mit der 15-jährigen Anna von Mochau den Zölibat gebrochen. Luther hatte das priesterliche Gelübde der Ehelosigkeit schon vorher verdammt. Freilich heiratete er Katharina von Bora erst 1525. Karlstadt war ihm mal wieder um eine Nasenlänge voraus.[52]

Es ist nicht das Herz, sondern der Kopf, der den Grübler zur Heirat bewegt: Er verbindet sich mit der um 25 Jahre jüngeren Braut *aus Prinzip*. Wieder einmal möchte er mit gutem Beispiel vorangehen. Am zweiten Weihnachtstag zieht er mit seinen Freunden, den Humanisten Philipp Melanchthon und Justus Jonas, ins Dorf Segrehna bei Wittenberg und wirbt um die jugendliche Tochter eines armen Edelmanns. Mit Absicht hat er, der damals eine gute Partie war, eine mittellose Braut erwählt. Auch hübsch soll sie nicht gewesen sein. Die einzige Mitgift ist ihre Ehrbarkeit gewesen, und damit hat Karlstadt, wie sich zeigen soll, das große Los gezogen. In guten wie in

---

[52] Hermann Barge: Andreas Bodenstein von Karlstadt, a. a. O., Bd. 1, S. 364 ff.; Walther von Loewenich: Martin Luther, a. a. O., S. 206.

schlechten Tagen ist Anna ihm eine treue Ehefrau, und es wird viele schlechte Tage geben.

An den Kurfürsten schreibt er: Kein Stand sei Gott behaglicher und christlicher Freiheit nützlicher als der Ehestand, und über die verlornen Pfaffen, die Köchinnen halten und nicht Weiber nehmen wollen, spottet er, sie sollten lieber heiraten. Auch wenn darüber nicht alle lachen konnten, Luther wird es recht gewesen sein.

In Wittenberg ist der Karlstadt los

Bis 1522 hat das Bündnis zwischen den ungleichen Brüdern gehalten. Erst der Bildersturm bringt den Reformator gegen den vorwitzigen Provokateur auf. Melanchthon ruft Luther verzweifelt um Hilfe. In der Universitätsstadt an der Elbe ist der Karlstadt los: Keine Bilder an den Wänden, keine Altäre mit Bildwerken, womöglich auch keine Kirchenfenster mit Bildern, keine Monstranzen, keine Orgelmusik. Zwar ermahnt Karlstadt nicht die Laien, sondern die weltliche Obrigkeit, sie möge die Kirchen von Bildern reinigen lassen. Außerdem bittet er seine Anhänger um Behutsamkeit. Es gebe auch Bilder, die man verehren sollte, ohne sie gleich anzubeten. Der Rat der Stadt Wittenberg folgt Karlstadts sozialpolitischen Vorstellungen, die teilweise an Luther anknüpfen, und fordert zum Kampf gegen die Armut auf. Er will das Betteln der Mönche nicht mehr zulassen, die Dirnen ausweisen und die Bilder entfernen lassen, alles in der Hoffnung, dass dann Ruhe einkehre. Aber dem grünen Idealisten entgleitet die Kontrolle über das Projekt, das mit so viel Verve und gutem Willen begonnen hatte, und es kommt zu Tumulten und Gewalt. Die aus Zwickau herbeigeeilten „neuen Propheten" sehen in den

Heiligenbildern Vertreter des verhassten Papstes; sie köpfen und vierteilen sie. Ein wahrer Bildersturm! Hier noch von Reformation zu sprechen, wäre Euphemie oder Blasphemie.[53]

Unter seinem Decknamen Junker Jörg reist der vogelfreie Reformator nach Wittenberg, um Ruhe zu stiften. Als Prediger gegen jede Art von Gewalt verlässt er sich allein auf die Überzeugungskraft des Worts. Eine Woche lang, von Sonntag zu Sonntag, erläutert er seiner Gemeinde das Evangelium und die aus ihm abzuleitenden Grundsätze für die Ordnung von Kirche und Welt. Und er hat damit Erfolg. Heinz Schilling macht in seiner Biografie über Luther darauf aufmerksam, dass der Malerfreund des Reformators, Lukas Cranach, den Prediger für Disziplin und Selbstkontrolle porträtiert hat: im Mönchsgewand, aber ohne Tonsur. Kein Himmelsstürmer, aber doch einer, der sich wie befreit fühlt von den Altlasten der Tradition. Einer, der nicht überwältigen, sondern überzeugen will.[54] Bei seinem Landesherrn entschuldigt sich Luther dafür, dass er die Wartburg, gegen dessen Gebot, Hals über Kopf verlassen hat, um in Wittenberg nach dem Rechten zu sehen, und Friedrich der Weise erklärt ihm im Nachhinein sein Einverständnis.

Wie stolz ist der Reformator, weil er der Wittenberger Wirren allein mit der Kraft des Worts Herr wird! Dagegen unterstellt er seinem Doktorvater immer wieder, dass der es mit der Gewaltlosigkeit nicht so genau nehme. Er wirft ihm undifferen-

---

53 Rosemarie Schuder, a. a. O., S. 57.
54 Schilling: Martin Luther, a. a. O., S. 288 f.

ziert vor, dass er beim Bildersturm Gewalt in Kauf genommen und bei der Verteidigung von Bauern im Verein mit Thomas Müntzer rohe Gewalt ausgeübt habe. Wie schade! Gerade bei seinem Plädoyer für Gewaltlosigkeit hätte Luther in seinem Doktorvater einen treuen Verbündeten gewinnen können, wenn er mit ihm auf Augenhöhe beraten hätte. Stattdessen brachte er ihm, in Sorge um sein Einigungswerk, Misstrauen entgegen.

Ohne Titel und Talar:
Der neue Laie

Bodenstein verzichtet auf alle priesterlichen Abzeichen und auf den Doktortitel, auf den er, der „Dr. Karlstadt", doch so stolz gewesen war. Auch bei dieser Entäußerung will er der Erste sein, und daher empfiehlt er sich als „newer lay", als neuer Laie. Unter Berufung auf Matthäus 23,8 predigt er: „Ihr sollt euch nicht lassen Rabbi nennen. Nur einer sei der Meister: Christus. Ihr aber seid alle Brüder."[55]

Zwar kommt der Laienbruder seinen akademischen Verpflichtungen in Wittenberg einstweilen noch nach. Aber er fordert seine Zuhörer auf, die Studien als unnütz für das Gottesreich aufzugeben und lieber ein Handwerk zu ergreifen. 1523 kündigt er an, er werde künftig niemandem mehr einen akademischen Grad verleihen, und zieht sich aufs Land zurück. 1524 als Ketzer aus Sachsen verwiesen, zieht er sich als Bauer ins nahe Kemberg zurück. Luthers Mitstreiter Mathesius weiß zu berichten: „Er treibt Säu gen Markt, als der alte Nachbar Endres." Und Luther selbst will beobachtet haben, dass Karlstadt barfuß Mist auf einen Wagen schaufelte. Da

---

55 Volkmar Joestel, a. a. O., S. 32.

bestätigt sich wieder: *Der erste grüne Professor*. Sogar vor der Bibel macht sein handfester Einsatz nicht halt: „Denn Bücher, Buchstaben, Papier, Tinte, Vernunft hindern und fördern gar nichts." Ein Holzschnitt aus jener Zeit zeigt einen Bauern, der, einen Dreschflegel in der Hand, einer ergriffenen Gemeinde predigt.[56]

---

56 Gert Wendelborn: Martin Luther, a. a. O., S. 236; Richard Friedenthal: Luther, a. a. O., S. 394, 398; Volkmar Joestel, a. a. O., S. 36 f.

Brot statt Bildung

Luther ist entsetzt, dass in den nächsten Jahren niemand mehr promoviert wird. In Wittenberg nicht und auch in Erfurt nicht. Kurzsichtig führt er das auf das angeblich schlechte Beispiel seines Doktorvaters zurück. Noch mehr erbost es den Reformator, dass Frater Gabriel in der Schlosskirche sowie der Schulmeister der Wittenberger Knabenschule Georg Mohr und Luthers wortgewaltiger Ordensbruder Gabriel Zwilling den Wittenberger Bürgern predigen, sie möchten ihre Kinder von der Schule fernhalten. Ein Zeitgenosse klagt: „Daher ist die Stadtschule ganz und gar verwüstet und zergangen, also dass 1522 kein Schüler mehr hineinging, und man aus derselben eine Brodbank gemacht hat." Brot statt Bildung.[57]

Was dabei nur allzu oft übersehen wird, ist die Tatsache, dass der Rückgang der Studentenzahlen und Promotionen kein örtliches Phänomen war, das man einem einzelnen Agitator hätte ankreiden können. Vielmehr war der Einbruch überall zu beobachten: In Wittenberg fiel die Zahl der Im-

---

57 Friedrich Paulsen: Geschichte des gelehrten Unterrichts. 3. erweiterte Aufl., Leipzig: Verlag Veit & Comp., 1919. Photomechanischer Nachdruck Berlin: Walter de Gruyter, 1965, Bd. 1, S. 179 ff.

matrikulationen in fünf Jahren (1521 bis 1525) von 245 auf 171, in Heidelberg von 139 auf 37, in Köln von 251 auf 120, in Tübingen von 147 auf 52 herab – um nur einige Beispiele zu nennen.[58] Hermann Barge erklärt den Erdrutsch mit einer „Veränderung der seelischen Gesamtdisposition", die religiöse Interessen in den Vordergrund treten ließen. Außerdem sträubte sich das Ehrgefühl der jungen Leute gegen die bisherige Praxis, sich das Studium von frommen Spendern bezahlen zu lassen. Lieber wollten sie in schweißtreibender Berufsarbeit ihr Brot verdienen.[59]

Das hört sich in der Tat nach Karlstadt an. Der *grüne Professor* grämt sich, weil ihm wieder einmal etwas Originelles nicht schnell genug hatte gehen können, und wieder einmal ist ihm das Ruder entglitten. Erinnert das etwa jemanden an unsere heutigen Politiker?

Aber wer glaubt, Karlstadt hätte seine Freude an der Entwicklung gehabt, täuscht sich in dem nach wie vor auf Gründlichkeit und Wahrhaftigkeit bedachten kleinen Reformator. Nichts wäre ihm peinlicher gewesen als die Ablösung der Gelehrsamkeit durch Oberflächlichkeit und Primitivismus. In der „Ordnung der Stadt Wittenberg" vom Januar 1522, die unter Karlstadts Regie entstanden war, heißt es unmissverständlich, man solle begabten Kindern armer Leute die Mittel zum Besuch von Schule und Universität vorstrecken, „damit man allezeit gelehrte Leute habe, die das heilige Evangelium

---

58 Franz Eulenburg: Über die Frequenz der deutschen Universitäten in früherer Zeit. In: Jahrbücher für Nationalökonomie und Statistik, dritte Folge, Bd. 13, Jg. 1897, S. 525.
59 Barge, I, 418–420.

und die Schrift predigen, und dass auch in weltlichen Regimenten an geschickten Leuten nit Mangel sei".[60]

Schließlich sei auf die Begeisterung des *grünen Professors* für Philipp Melanchthon und dessen allseitige Kenntnisse verwiesen.[61] Das war ein Zeugnis für Elementarkenntnisse und Qualität.

....
60 Barge, I, S. 382.
61 Barge, I, S. 421.

Melanchthon als Präceptor Germaniae

Wenn die Protestanten trotz des Schielens nach der Brotbank eine positive Bilanz ihrer Bildungspolitik ziehen durften, so hatten sie das vor allem Philipp Melanchthon zu verdanken. Der aus Bretten bei Karlsruhe stammende Altphilologe ist 1518 auf Empfehlung seines Onkels Johannes Reuchlin nach Wittenberg gekommen. Obwohl der vielseitige Humanist auch die Lehrbefugnis als Theologe erwirbt, konzentriert er sich eisern auf die Vermittlung des Grundlagenwissens, und das sind für ihn die alten Sprachen und deren Grammatik: Man soll die Bibel in ihren Originalsprachen studieren können. Während die Schwärmer die Auslegung der Bibel ungelehrten Laien überlassen wollen, vertrauen die Reformatoren um Luther die Exegese der Heiligen Schrift Experten an. Über Thomas Müntzer, der die Interpretation mystischer Schriften seiner Pfarrköchin anheimgibt, können die Lutheraner nur lachen.

Bildung hat für Melanchthon auch eine ordnungspolitische Aufgabe. Er ermahnt seine Mitbürger, ihre Kinder zu Tugend und Religion anzuhalten: „Deshalb sind in einem gut eingerichteten Staat Schulen nötig, wo die Jugend, die das

Saatgut eines Staates ist, erzogen werden soll." Diese Weisheit könnte heute auch in einem Text der Kultusministerkonferenz stehen. In mehr als fünfzig Städten bewährt Melanchthon sich als der maßgebliche Berater bei Schulgründungen. Nicht zuletzt deshalb wird er schon zu Lebzeiten als Praeceptor Germaniae gefeiert, als Lehrmeister Deutschlands.[62]

---

62 Gerhard Arnhardt und Gerd-Bodo Reinert: Philipp Melanchthon. Architekt des neuzeitlich-christlichen deutschen Schulsystems. Donauwörth: Auer Verlag, 1997.

Mit Luther, aber ohne Karlstadt

Die Fürsten hatten sich offenbar auf die Faustregel geeinigt: Mit Luther, aber ohne Karlstadt. Karlstadt diente als Sündenbock. Falls er dazu gedrängt werden konnte, aus Sachsen zu weichen, würde es den Machthabern leichter fallen, sich gegen Vorwürfe zu verteidigen, sie ließen Luther schalten und walten. Die Ausführung dieses Plans wollte man den beiden feindlichen Brüdern selbst überlassen: Die Fürsten hetzten sie aufeinander, und wer bei diesem Kampf mit Haken und Ösen obsiegen sollte, brauchte nicht lange erörtert zu werden.[63]

Herzog Johann, Bruder des darniederliegenden Kurfürsten Friedrich des Weisen, beauftragte Luther im August 1524, die Schwärmer zur Raison zu bringen, zu denen er nicht nur die Linksradikalen um Thomas Müntzer, sondern auch, mehr oder weniger offen, Andreas Bodenstein zählte. Karlstadt bittet Luther daraufhin um eine Unterredung, die am 22. August 1524 im Jenaer Gasthaus „Zum Schwarzen Bären" stattfindet und Luthers liebe Not bei innerprotestantischen Streitgesprächen offenbart. Der Reformator hätte es vorgezogen, wenn

---

63 Christoph Klein: Die Schattenseiten der Reformation, a. a. O.

man die Differenzen über Glaubensfragen unter der Decke hätte halten können. Es soll nicht so aussehen, als bahnten sich nach der Spaltung in eine Papst- und eine Lutherkirche auch Spaltungen innerhalb der protestantischen Kirche an. Das mag der Hauptgrund dafür sein, dass Luther Karlstadts Vorschlag, die Streitpunkte in einer öffentlichen Disputation zu Wittenberg oder zu Erfurt zu klären, ablehnt.

Verärgert ruft Karlstadt Luther zu: „Schreibt wider mich öffentlich und nicht heimlich!" Diese Provokation verletzt Luthers Stolz. Er greift in seine Tasche und zieht einen Goldgulden heraus, den er dem grünen Professor mit den Worten reicht: „Nehmt hin und greift mich nur tapfer an, frisch auf mich!"[64] Schon zwei Tage später findet die Aussprache mit der Orlamünder Gemeinde statt. Sie bildet den traurigen Höhepunkt von Luthers Visitationsreise, weil sie beweist, dass der Reformator in Wahrheit zu keiner Disputation mit Andersgesinnten bereit ist. Karlstadts Vorwurf, Luther wolle ein neues Papsttum errichten, ist so unberechtigt nicht.

---

64 Weimarer Ausgabe, a. a. O., Bd. 15, S. 335 ff.

Karlstadts ABC

Aber der Reihe nach: Im Sommer 1523 wird Karlstadt zum Pfarrer von Orlamünde gewählt. Der Ort zwischen Jena und Rudolstadt erhebt sich auf einem steilen Bergkamm fast 100 m über der Mündung der Orla in die Saale – ein atemberaubender Anblick. Anfang des 16. Jahrhunderts zählte er 2 800 Bürger, was damals durchaus beachtlich war. Selbstbewusst plädieren die Orlamünder für den Neuankömmling und dessen in Wittenberg verworfene Neuerungen. Das heißt, sie entscheiden sich für die neue Gottesdienstordnung samt Abendmahl in beiderlei Gestalt. In den Mittelpunkt der Andacht tritt die Predigt – und zwar in deutscher Sprache. Fasten unterbleibt, Ohrenbeichte, Kindertaufe sowie Heiligenbilder und Orgel werden abgeschafft. Besonders populär sind die Forderung nach Unterstützung der Armen und das Einschreiten gegen übertriebene Abgaben der Bauern an Kirche und Bodenbesitzer. Mit diesem Programm begeistert Karlstadt nicht nur Orlamünde, sondern das ganze obere Saaletal, desgleichen die Nachbarstadt Kahla. Für die neuen Strukturen und Regelungen erfinden seine Anhänger das schmeichelhafte Kürzel

ABC, hergeleitet aus den Anfangsbuchstaben des Namens *Andreas Bodenstein* und dessen Geburtsort *Carlstadt*.⁶⁵

Aber die Freude darüber war nicht von langer Dauer. Zum Verhängnis sollte Karlstadt werden, dass er Thomas Müntzer, den er in Wittenberg kennengelernt hatte, für kurze Zeit bei sich in Orlamünde aufnahm. Der Sozialrevolutionär hatte sich inzwischen radikalisiert. Zwar lässt die Gemeinde den rebellischen Querdenker in Absprache mit Karlstadt wissen, dass sie dessen Umtriebe ablehne: Keine Gewalttaten, keinen Aufstand.⁶⁶ Das war unmissverständlich. Aber die Warnung schützt den „grünen" Reformer nicht gegen Luthers Verdacht, dass er bei den Ausschreitungen der revolutionären „Spinner" seine Hand im Spiel habe. *Wollte* Luther seinen Doktorvater nicht verstehen?

Luther hatte sich wiederholt dafür ausgesprochen, dass eine Gemeinde ihren Pfarrer selbst ernennen und bei Bedarf auch wieder absetzen dürfe. Er stößt daher von vornherein auf Misstrauen, als er am 24. August 1524 in Orlamünde erscheint. Es hat sich herumgesprochen, dass der Visitator seinen Doktorvater ohne Rücksicht auf das Votum der Gemeinde absetzen wolle. Und in der Tat: Als Bodenstein während der Unterredung erscheint, um dem Gespräch beizuwohnen, bedeutet ihm Luther, dass seine Anwesenheit unerwünscht sei.⁶⁷ Alle Kommentatoren sind sich darüber einig, dass Luther un-

---

65 Rosemarie Schuder: „Ich kenne den Teufel!", a. a. O., S. 95; Barge, II, S. 95 ff.
66 Barge, II, S. 115.
67 W. A., Bd. 15, S. 344; Joestel, a. a. O., S. 47.

gewöhnlich herrisch, ja anmaßend aufgetreten ist. So macht man sich keine Freunde.

Über den Misthaufen davongejagt

Der Übereifrige hat die Rechnung ohne die Gemeinde gemacht. Bei Karlstadt ist der Gottesdienst zum Diskussionsforum über das rechte Glaubensverständnis geworden. Wie kundig Gemeindemitglieder Fragen stellen, muss auch Luther erfahren. Will der Kontrolleur sich etwa selbst Lügen strafen und das Pfarrwahlrecht abschaffen? Oder ist er als Visitator des Kurfürsten gekommen und spielt sich als Vollstrecker der weltlichen Macht auf, von der er doch sonst immer behauptet, dass er ihr nicht willfährig dient? Wie auch immer, die zornigen Bauern jagen Luther über den Misthaufen davon und werfen ihm nicht nur Flüche, sondern auch Steine nach. So ergeht es auch heute noch manchem, der nicht verstehen will, dass das Volk der Souverän ist.[68] Karlstadt soll kurz nach Luthers unfreiwilligem Abgang eine gute Stunde lang die Glocken in Orlamünde haben läuten lassen. In seiner anschließenden

---

68 Barge, a. a. O., Bd. 2, S. 132–134; Walther von Loewenich: Martin Luther, a. a. O., S. 279 f.; Joestel: a. a. O., S. 47; Rosemarie Schuder, a. a. O., S. 98; Heinz Schilling: Martin Luther, a. a. O., S. 292; Kaarlo Arffman: Was war das Luthertum? Einleitung in eine verschwundene Auslegung des Christentums. Wien: LIT Verlag, 2015.

Predigt vor der Gemeinde redet er frei heraus, wie ihm die Zunge gewachsen ist: In wie großem Geschrei und Ansehen der schriftgelehrte Mönch auch in der Welt stehe, so habe er doch das Evangelium unter die Bank gestoßen und die Schrift nach seinem Gutdünken pervertiert.[69]

Entrüstet beklagen sich die Orlamünder bei Herzog Georg über die Karlstadt widerfahrene schnöde Behandlung. Sie glauben sich im Recht und fallen daher aus allen Wolken, als ihr Pfarrer des Landes verwiesen wird. Der Fürst vertraut Luthers Darstellung und bestellt einen Verwalter, der die Ausweisung des charismatischen Abweichlers Bodenstein streng überwacht.[70]

---

69 Barge, a. a. O., Bd. 2, S. 136.
70 Barge, a. a. O., S. 138 ff.

Seelenmörder und böser Teufel

Seither hat Luther kein gutes Haar an seinem Doktorvater gelassen. Es ist kaum zu zählen, wie oft er ihn als Seelenmörder, Sündengeist, Lügengeist oder bösen Teufel verunglimpfte. Luther glaubte an den Leibhaftigen. Auf der Wartburg soll er sogar mit dem Tintenfass nach ihm geworfen haben. Wenn der Reformator in Rage war, hat er viele als Teufel bezeichnet. Aber das war meistens zu hoch gegriffen. Unter Teufel verstand Luther nämlich den Gegenspieler Gottes in dieser Welt. Das konnte z. B. der Papst oder der Kaiser sein. Aber nicht Karlstadt. Der grüne Professor hätte nach Luthers Begriffswelt nur ein Diener des Teufels sein können. Aber wenn der Reformator wütend war, nahm er es nicht so genau. Trotzdem lohnte es sich, die teuflischen Injurien genauer zu untersuchen. Es macht einen Unterschied, ob Luther Karlstadt „einen zornigen Teufel" oder womöglich *den* Teufel nannte.[71]

....
71 Jan Löhdefink: Zeiten des Teufels. Teufelsvorstellungen und Geschichtszeit in frühreformatorischen Flugschriften (1520–1526). Tübingen: Mohr Siebeck, 2016; Schuder: „Ich kenne den Teufel!", a. a. O., S. 108 ff.

Die Lehre von den zwei Reichen

Immer wieder beziehen sich Theologen auf Luthers Lehre von den zwei Reichen. Aber Luther selbst hat nie von einer Zwei-Reiche-Lehre gesprochen. Vielmehr reagierte er spontan auf aktuelle Probleme, so auch in seinem Traktat „Von weltlicher Obrigkeit, wie weit man ihr Gehorsam schuldig sei." Luther verfasste diese Schrift im Winter 1522.[72] Wie stets, so nahm sich der Reformator auch hier die Bibel zur Richtschnur. Paulus lehrt im Römerbrief 13,1: „Jedermann sei untertan der Obrigkeit, die Gewalt über ihn hat. Denn es ist keine Obrigkeit ohne von Gott; wo aber Obrigkeit ist, die ist von Gott verordnet." Weiter heißt es in Römer 13,2: „Wer sich nun der Obrigkeit widersetzt, der widerstrebt Gottes Ordnung; die aber widerstreben, werden über sich ein Urteil empfangen."

Schon der Titel „Von weltlicher Obrigkeit, wie weit man ihr Gehorsam schuldig sei" macht darauf aufmerksam, dass die Gehorsamspflicht ihre Grenzen hat. Ein Widerstandsrecht

---

72 Richard Friedenthal: Luther, a. a. O., S. 449.

kommt in Betracht, wenn der Fürst seine in Recht und Gesetz verankerten Kompetenzen überschreitet. Im vorliegenden Fall hatte Herzog Georg von Sachsen die Verbreitung von Luthers Bibelübersetzung (NT) verboten. Das gab seinen Untertanen, so der Reformator, ein Recht auf Gegenwehr – allerdings nur auf passiven Widerstand. Die Pflicht dazu entband sie nicht von der Anerkennung des Rechts der Obrigkeit auf Strafverfolgung. Wie Paulus gelehrt hat: „... die aber widerstreben, werden über sich ein Urteil empfangen." In diesem Zusammenhang findet sich also nicht der leiseste Hinweis auf ein Faustrecht. Aber eben auch keine Andeutung, dass ein Fürst seine Untertanen nach Gut- und Schlechtdünken behandeln dürfe, wie es ihm seine Laune oder sein Vorteil eingeben. Mit dieser Interpretation ist Karlstadt durchaus einverstanden. Aber Luther denkt nicht daran, seinem Doktorvater dieselben Rechte zuzubilligen, die er selbst beansprucht.

Über diese Lehren aus aktuellem Anlass hinaus ist Luthers Abhandlung über die Obrigkeit für die Einschätzung der Frage nach dem Gottesreich von nachhaltiger Bedeutung. Hellsichtig erkannte der Reformator, dass die revolutionären Schwärmer das Paradies auf Erden verwirklichen wollten, womit sich die Frage nach dem Jenseits erübrigt hätte. Die rebellischen Enthusiasten waren halt frühe Kommunisten. Gegen die Säkularisierung der Heilserwartung legte Luther sein Veto ein. Ebenso kritisierte er Karlstadt, der die Tötung des alten Menschen für den Beginn und nicht für die Folge der Wiedergeburt durch den Glauben hielt.[73]

---

[73] Wendelborn: Martin Luther, a. a. O., S. 239 f.

Das Wort ist ein Schwert

Wie seine grünen Mitreformer war Luther ein Mann des treffenden, mitunter gewalttätigen Worts. An den Humanisten Spalatin, Beichtvater und Berater des Kurfürsten Friedrich des Weisen, schrieb er 1520: „… wenn du das Evangelium recht verstehest, so glaube ja nicht, dass dessen Sache ohne Tumult, Ärgerniß und Aufruhr geführt werden könne. Du wirst aus dem Schwerte keine Feder, aus dem Krieg keinen Frieden machen: das Wort Gottes ist ein Schwert, ist ein Krieg, ist Zerstörung, ist Ärgerniß, ist Verderben, ist Gift …" Offenbar sind Luther und seine Zeitgenossen sich nicht im Klaren darüber gewesen, wie leicht ein Kraft- und Saftwort Gewalt auslösen kann. Wenn es wirklich zu Ausschreitungen kam, war Luther erschrocken.

Der Reformator galt anfangs als Verbündeter des „kleinen Mannes", zumal der Bauern. In seiner Schrift „Von der Freiheit eines Christenmenschen" (1520) postuliert er, ein Christenmensch sei „ein Herr über alle Dinge und niemandem untertan". Eine Fanfare! Wer wagte zu bezweifeln, dass auch Bauern Christenmenschen waren? Natürlich niemand. Aber inwiefern bedeutete das, dass sie niemandem untertan sein sollten? Dass die Freiheitsrechte auch den Bauern zustünden, wollten und wollten die Nutznießer der Feudalgesellschaft nicht einsehen. Im Gegenteil: Sie führten immer mehr Bauern in die Leibeigenschaft und zwangen sie zu Frondiensten. Bei der Ausbeutung unterschieden sich, Luther sei's geklagt, geistliche kaum von weltlichen Potentaten. Der Reformator sieht das nicht anders. Noch Ende April 1525 kritisiert er in seiner *Ermahnung zum Frieden* das „hochmütige" Verhalten der Fürsten. Er ist über die soziale Not der Bauern und der übrigen betroffenen Bevölkerungskreise auch in den Städten betroffen und ermahnt Fürsten wie Prälaten, Missstände zu beseitigen und die Lasten zu erleichtern, welche die Bauern zu tragen hätten. Auch Luthers Landesvater Friedrich der Weise hat dafür offene Ohren. Auf dem Sterbebett schreibt er seinem Bruder Georg dem Beständigen nach Weimar: „Filleicht hat man der armen leuten zu solchem aufrure orsach geben … Got wend sein Zorn von uns."

Blut-Ostern

Das verständnisvolle Abwägen weicht herrischer Parteinahme, als aufständische Bauern am Ostermontag 1525 den Grafen Ludwig von Helfenstein und seine Begleiter in Weinsberg bei Heilbronn gefangen nehmen, zum Tode verurteilen und auf demütigende Weise durch eine Gasse von Spießen in ihr blutiges Ende laufen lassen. Helfenstein war kein Irgendwer. Schwiegersohn des verstorbenen Kaisers Maximilian I., amtierte er als Obervogt über alle württembergischen Bauern und war daher bei den Kaiserlichen ebenso angesehen wie bei den radikalen Anführern der aufständischen Bauern verhasst.[74]

Jetzt zeigt es sich, dass nicht Karlstadt, sondern Luther aus der Rolle fällt und der Gewalt das Wort redet. Nach den Greueltaten am „Blut-Ostern" des Jahres 1525 tobt der Reformator „wider die mörderischen und räuberischen Rotten

---

74 Erich Weismann: Die Eroberung und Zerstörung der Stadt Weinsberg und des Schlosses Weinsberg im Bauernkrieg. Eine Rekonstruktion der Vorgänge nach zeitgenössischen Augenzeugenberichten. Weinsberg: Verlag des Nachrichtenblattes der Stadt Weinsberg, 1992; Wilhelm Zimmermann: Der große deutsche Bauernkrieg. Neu-Auflage, Neu-Isenburg: Melzer Verlag, 2006; Peter Blickle: Der Bauernkrieg. Die Revolution des Gemeinen Mannes. München: C. H. Beck, 2011.

der Bauern". Außer Fassung, gebietet er, sie heimlich oder öffentlich zu zerschmeißen, "wie man einen tollen Hund erschlagen muss". Das war Luthers dunkelste Stunde. Und eines der traurigsten Kapitel der deutschen Geschichte! Bei allem Entsetzen über diese Entgleisung sei zum Verständnis hinzugefügt: Luther war ein konservativer Revolutionär, der die Kirche und den Glauben, aber nicht die Gesellschaft und die Weltordnung verändern wollte. Jetzt wanken alle Autoritäten: die Kirche, die Konzile, die Universitäten – und das nicht ohne Luthers Zutun. An der letzten irdischen Ordnungsmacht, den Fürsten, glaubt der Reformator daher umso zäher festhalten zu müssen.

Nicht so Thomas Müntzer. Anders als Luther hält er nicht an der seit alters überlieferten Überzeugung fest, Reichtum und Armut kämen von Gott. Er will nicht nur die Klöster aufgelöst, sondern alle Obrigkeit abgeschafft wissen. Dieser Aufrührer ist ein Kommunist, der, inzwischen Pfarrer an der Marienkirche zu Mühlhausen, die „Gemeinschaft aller Güter" predigt und jeden zur Arbeit mit den Händen verpflichten will. So schwingt er sich zur Stimme der aufständischen Bauern auf. Thomas Müntzer glaubte wie so viele daran, dass der altböse Feind die Welt vor ihrem Ende noch einmal unter seine Herrschaft zu bringen drohe. Daher trat er gegen ihn zum Endkampf an.

Vernachlässigt man, dass Müntzer Spiritualist, Mystiker und Apokalyptiker war, wird man ihn für moderner ausgeben können als Luther. Zumal die Linken haben, wie schon Ernst Bloch, keine Schwierigkeiten, ihn als Freiheitshelden zu feiern. Aber in Wahrheit gründet Müntzers Denken, ebenso wie das von Karlstadt und Luther, tief im Mittelalter. Nur wenigen ist bekannt, dass Müntzer ein talentierter Pädagoge und Wissenschaftler war. Luther hat von ihm mehr profitiert, als er zugeben wollte. So war der kommunistische Gelehrte der erste, der die lateinische Liturgie ins Deutsche übersetzt hat. Luther hat sie stillschweigend übernommen.[75]

---

[75] Walter Elliger: Thomas Müntzer. Leben und Werk. Göttingen: Vandenhoeck & Ruprecht, 3. Auflage 1976; Dieter Fauth: Thomas Müntzer in bildungsgeschichtlicher Sicht. Köln u. a.: Böhlau, 1993 = Studien und Dokumentationen zur deutschen Bildungsgeschichte, Bd. 43.

Flammenzeichen und Prophetie

Die „Grünen" der Lutherzeit sind keine Realos. Antiautoritäre Radikale, träumen und handeln sie ohne Rücksicht auf die Durchsetzbarkeit ihrer Ideale und ohne Bereitschaft zu Kompromissen. Was sie anfällig für Gewalt macht. Auch Karlstadt ist ein antiautoritärer Grüner. Was ihn von anderen unterscheidet, ist seine Abneigung gegen Gewalt. Auch diesmal verschwendet er keinen Gedanken daran. Das ist ihm hoch anzurechnen. Er folgt selbst in den kritischsten Situationen seinem inneren Kompass und daher wirkt er moderner als seine Zeitgenossen.

Menschen sind vielschichtig. Sie können gleichzeitig Gewohnheitstiere sein, verankert in alten Traditionen, und Pioniere, die sich zu neuen Ufern aufmachen. Auch die linkischen Geburtshelfer einer neuen Zeit waren gleichzeitig rückständig und fortschrittlich, rational und abergläubisch.

So glaubten sie daran, dass das Ende der Welt und damit der Endkampf mit dem Bösen unmittelbar bevorstünden und dass Himmelszeichen ankündigten, wer obsiegen werde.[76]

Versetzen wir uns in die Lage der damaligen Weltverbesserer! Was, wenn vor unseren Füßen ein Blitz einschlägt? Versetzt uns das nur in Angst und Schrecken? Oder bewegt es uns zu innerer Einkehr? Für Luther und seine Zeitgenossen war das keine Frage. Sie verstanden solche Naturerscheinungen als Zeichen des Himmels. Nach einem Besuch bei seinen Eltern in Mansfeld – Luther war damals noch Jurastudent – wurde der 21 Jahre alte Jungspund von einem schweren Gewitter überrascht. Auf freiem Feld sucht er Schutz unter einem Baum. Als ein Blitz vor ihm niederfährt, wirft er sich zu Boden, und in seiner Todesangst gelobt er Christi Großmutter Anna, seiner Lieblingsheiligen, Mönch zu werden. Der Lutherstein östlich von Stotternheim bei Erfurt erinnert an diese Legende. Wie so viele Geschichten um Luther ist das Wende-Erlebnis nicht eindeutig belegt. Im Nachhinein diente es Luther zur Rechtfertigung seines Verhaltens. Die Begründung war gut gewählt; denn im 16. und 17. Jahrhundert glaubten fast alle an solche „Himmelszeichen".[77]

Auch Thomas Müntzer, der Sozialrevolutionär, hatte seine Anhänger mit einer Fahne versehen, die einen Regenbogen

---

[76] James M. Stayer und Hartmut Kühne: Endzeiterwartung bei Thomas Müntzer und im frühen Luthertum. Mühlhausen: Thomas-Müntzer-Gesellschaft e. V., Veröffentlichungen Nr. 16, 2011.

[77] Richard Friedenthal: Luther, a. a. O., S. 37; Christian Feldmann: Martin Luther. Reinbek bei Hamburg: Rowohlt TB, 2009.

auf weißem Grund zeigte – zur Erinnerung an den „ewigen Bund", den Gott nach der Sintflut mit den Menschen geschlossen hatte. Vor der Entscheidungsschlacht in Mühlhausen verspricht Müntzer den zum Kampfe entschlossenen Rebellen in einer bewegenden Predigt, Gott werde ihnen zu Hilfe kommen. Der Chronist Hans Hut, der dabeigewesen ist, schildert, wie sich gerade in diesem Moment ein farbiger Hof um die Sonne bildet. Müntzer deutet das regenbogenähnliche Sonnenhalo als Zeichen Gottes, als Ankündigung des Siegs. Dass diese Interpretation sich als tödliches Missverständnis erweist, bleibt in diesem Zusammenhang ohne Belang. Was zählt, ist, dass Müntzer fest daran glaubte. Ebenso wie Luther an göttliche Zeichen glaubte, und wer weiß, ob er sie richtig auslegte. Manch einer mag denken, er wäre, Blitzschlag hin, Donnergrollen her, besser Jurist geblieben.[78]

---

78 Hans-Jürgen Goertz: Thomas Müntzer. Revolutionär am Ende der Zeiten. München: C. H. Beck, 2015.

Apokalypse

Wir reden immer vom Jüngsten *Tag*. Aber das führt in die Irre. Der Bibel zufolge kann sich der Weltuntergang über Jahre und Jahrzehnte hinziehen, den einen zur Pein und den anderen zur Freude. Wie oft haben Christen gepredigt oder gehört, dass das Ende aller Dinge gekommen sei! Schon Petrus hatte das angekündigt (1. Brief Petri 4, 7–11). 1525 entwirft Albrecht Dürer seinen Kupferstich „Die apokalyptischen Reiter". Dabei knüpft der Nürnberger Künstler an die Bildersprache alttestamentlicher Propheten und die Visionen des Apostels Johannes an. Albrecht Dürer ist davon überzeugt, dass die Welt 1526 untergehen werde. Was ihn nicht davon abhält, weitere Werke zu schaffen. Dürer zeichnet und malt und tut Gutes. Vor allem die Armen unterstützt er nach Kräften.

Für gläubige Christen ist das Ende der Welt keine Deadline, sondern ein Anlass zu feiern. Und wie sie damals feierten! Ganz so, wie Petrus es empfohlen hat: „Seid gastfrei untereinander ohne Murren." (1. Petr., 9) „Vor allem aber habt untereinander eine inbrünstige Liebe; denn die Liebe deckt auch der Sünden Menge." (1. Petr. 8)

Von Luther ist bekannt, dass er in fortgeschrittenem Alter vorausgesagt hat, das Jüngste Gericht stehe unmittelbar bevor;

er prognostizierte es für die Jahre 1532, 1538 und 1541.[79] Diese Notizen haben davon abgelenkt, dass der Reformator jederzeit mit dem Ende der Welt rechnete. So ist es denn konsequent, dass Luther 1525, also in dem Jahr, in dem Dürer die apokalyptischen Reiter über das Land stürmen lässt, heiratet, *obwohl* er den Anbruch des Reichs Gottes erwartet. Oder sollte man besser formulieren: *weil* er der Wiederkunft Christi entgegensieht?

Das ist ja alles andere als eine Schreckensvorstellung. Jedenfalls ist Luther Kleinmut fremd. Daher verbinden wir mit ihm den optimistischen Satz: „Und wenn ich sicher wüsste, dass morgen die Welt untergehen wird, so würde ich noch heute ein Apfelbäumchen pflanzen." Ob der Reformator das je gesagt hat, ist nicht belegt. Aber es passt zu ihm. Oder zu unserer Vorstellung von ihm. Wir haben Luther ent-eschatologisiert. So wird er handlicher.

Auch heute haben apokalyptische Szenarien Konjunktur, etwa in der Klimaschutzbewegung. Das Einzige, was Endzeiterwartungen früher und heute gemeinsam haben: Sie erfüllten sich nicht.

---

79 Adventspostille 1522, Kritische Gesamtausgabe, Weimar: Verlag Hermann Böhlaus Nachfolger, 1925, 10 1/2, 95.

Überraschungsgast

Das Petruswort „Seid gastfrei untereinander!" erklärt auch Katharina von Boras und Luthers phänomenale Gastfreundschaft im Schwarzen Kloster zu Wittenberg. Der bibelfeste Hausherr wird sich auch an Jesaja erinnert haben: „Brich dem Hungrigen dein Brot und die, so im Elend sind, führe ins Haus!" (1. Petrus 4, 9; Jesaja 58, 7) Martins und Katharinas Großherzigkeit ging weit über die Notwendigkeit des Broterwerbs hinaus. Das erste Beispiel dafür ist ihre Hochzeit. Sie findet am 13. Juni 1525 im Schwarzen Kloster statt. Wie es der Brauch befiehlt, wird das Brautpaar von Luthers Ordensbrüdern ins Schlafgemach begleitet und angezogen aufs künftige Ehebett gelegt. Die Cranachs bezeugen, dass die Kopulation symbolisch vollzogen worden ist. Dann ziehen sich die Gäste diskret zurück. Martin und Katharina sind froh, als der Vorschrift Genüge getan und das förmliche Beisammensein beendet ist. Da stellt sich heimlich, still und leise ein Überraschungsgast ein: Andreas Karlstadt. Er wird nach dem Zusammenbruch des Bauernaufstands verfolgt und sucht samt Frau und Kind bei seinem alten Freund Unterschlupf. Und Luther lässt sich nicht lange bitten. Mochte er seinen Doktorvater auch noch so oft einen Teufel genannt haben, an seiner Hilfsbereitschaft ändert das nichts. Katharina und er beherbergen die Flüchtlinge mehr als acht Wochen hinter den Klostermauern, die auch die zunehmend glücklichen Flitterwochen des Paars beschirmen. Darüber „lachen die Engel, und alle Teufel weinen."[80] Es sei nicht verschwiegen, dass der Hausherr bei aller Fürsorge einen Hintergedanken hat: Solange Karlstadt bei ihm weilt, kann er keinen „Unsinn" anstellen.

Der Überraschungsgast unternimmt alles, um wieder auf eigene Beine zu kommen. Zunächst sucht er im Hause seiner Schwiegereltern in Wittenberg-Segrehna Unterschlupf. Dort findet, im Beisein Luthers, auch die Taufe von Karlstadts zweitem Sohne, Andreas, statt, und Luthers Frau Käthe von Bora, Justus Jonas und Melanchthon übernehmen sogar die Patenschaft für den Sohn des Dissidenten. Damit geben sich die Streithähne die Hand; denn eigentlich gehört die Kindertaufe ja zu den alten Riten, die Karlstadt abgeschafft hat, weil er Kinder für religionsunmündig hält.[81]

Überhaupt gibt sich Bodenstein pflegeleicht. Er äußert den Wunsch, wieder als Bauer zu ackern und Holz zu schlagen, am liebsten in Kemberg bei Merseburg, um den Unterhalt für sich und seine Familie mit seiner Hände Arbeit zu verdienen. Aber seien wir ehrlich: Der Bittsteller verstand nicht viel von Landwirtschaft und Viehzucht. Das war der erste Grund, warum er mit der ländlichen Handarbeit keinen Erfolg hatte.

---

80 Barge, II, S. 366; Joachim Köhler: Luther!, a. a. O., S. 320.
81 Barge, a. a. O., Bd. 2, S. 371 f.; Joestel, S. 59 f.; Heinz Schilling: Martin Luther, a. a. O., S. 292.

Der zweite Grund war, dass er vom Predigen und Publizieren nicht lassen wollte. Als er darum bat, in Kemberg seine Zelte aufschlagen zu dürfen, wird er einen Hintergedanken gehabt haben. Die von Pest und Kriegen gebeutelte Stadt war gerade dabei, sich wieder zu erholen. Das lag nicht zuletzt an ihrer günstigen Verkehrslage. Über den Knotenpunkt Kemberg verliefen die Handelsstraßen, die die norddeutschen Hansestädte mit Leipzig und Nürnberg verbanden. Hier trafen sich Waren- und Nachrichtenströme. Davon profitierte auch Wittenberg. Der Verdacht liegt also nahe, dass Karlstadt hier nicht nur ein Ohr am Puls der Zeit haben, sondern sich auch anderen bemerkbar machen wollte. Schon als er 1523 in Orlamünde als „Nachbar Andres" ein bäuerliches Leben führen wollte, hatte er ja Wert auf eine eigene Druckerei gelegt, die er höchst erfolgreich beschäftigte.[82]

Verständlich, dass Kurfürst Johann der Beständige zögert, als Luther ihm 1525 „ergebenst" Karlstadts Bitte vorträgt, sich in Kemberg als Bauer niederlassen zu dürfen. Erst nach mehreren Anläufen gibt der Landesherr nach. Aber nur unter der Bedingung, dass der Propst und eine andere Respektsperson für Karlstadts Wohlverhalten sorgen. Damit hatte der grüne Professor nicht gerechnet. Je schärfer die persönliche Aufsicht und je demütigender die Forderungen nach Loyalitätsbeweisen, desto kräftiger rührt sich Karlstadts Selbstbehaup-

---

82 Joestel, a. a. O., S. 35.

tungswille, und Anfang 1529 weicht er aus dem, wie er meint, Überwachungsstaat Kursachsen.[83]

Aus den Augen aus dem Sinn. Es wäre am geschicktesten gewesen, den grünen Professor einfach in Vergessenheit geraten zu lassen. Das ist auch weitgehend gelungen. Das Lutherdenkmal von Ernst Rietschel, das 1868 in Worms enthüllt wurde, zeigt den Reformator auf hohem Sockel. Den Orbit bilden die Statuen Friedrichs des Weisen, Reuchlins, Savonarolas, Hussens und Melanchthons. Karlstadt fehlt.

Das größte Reformationsdenkmal, das am 7. Juli 1917 in Genf eingeweihte Internationale Reformationsdenkmal, zeigt Luther, Zwingli, Calvin, Calvins Vorgänger und Mitarbeiter Guillaume Farel, den Genfer Reformator Theodor Beza und den schottischen Reformator John Knox. Karlstadt fehlt.

---

83 Barge, a.a.O., B. 2, S. 376–396; Joerge, a.a.O., S. 61 f.; Christoph Klein: Die Schattenseiten der Reformation: Martin Luther und die „Feinde des Evangeliums" – aufarbeitende und vergleichende Betrachtung einer Animosität im Auftrag Gottes. Diss. Erfurt 2020.

Luther und die Juden

Über das Verhältnis von Luther zu den Juden sind Bücher geschrieben worden, und es werden noch weitere folgen. Hier nur so viel: Luther zeigte sich kulant gegenüber Persönlichkeiten, Instanzen und Glaubensgemeinschaften, die er auf seine Seite zu ziehen hoffte. Sowie er bemerkte, dass sie sich ihm entzogen oder ihn gar angriffen, wünschte er sie zum Teufel: so Karlstadt, so Müntzer, so den Papst und den Vatikan, so die Juden. Von den Osmanen, die er pauschal als „Türken" bezeichnete, erwartete er von vornherein nichts Gutes. Die Bildpublizistik veranschaulichte das allen, die nicht lesen konnten. So drastisch wie irgend möglich wurden der Papst und die Papstkirche verunglimpft: Die Bildpublizistik schickte sie nicht nur zur Hölle; sie verglich den Papst und die Seinen auch mit „unreinen" Tieren, vor allem mit *Schweinen*. Das alles wurde apokalyptisch durch die Erwartung des nahen Weltenendes überhöht.[84]

Dass die Juden Feinde Christi und seiner Kirche seien, hat Luther dem Neuen Testament entnommen. Allerdings zog er daraus, im Gegensatz zu den meisten seiner Zeitgenossen,

---

[84] Thomas Kaufmann: Wider Papst, Türken und Juden. Luthers Feindbilder und ihre Nachwirkungen. In: Luther und die Deutschen, a. a. O., S. 170–175.

nicht die Konsequenz, dass Juden im praktischen Leben vom Mitwirken in der christlichen Gemeinschaft ferngehalten werden müssten. Im Gegenteil, in seiner 1523 erschienenen Schrift „Dass Jesus Christus ein geborener Jude sei" regte der Reformator in der euphorischen Erwartung, „dass die Juden viel rechte Christen werden", an, sie möchten sich unter Christen frei bewegen und in ihrer Berufsausübung nicht behindert werden. Er selbst pflegte den Umgang mit Judenfreunden – von Reuchlin, der sich gegen die Verbrennung jüdischer Schriften ausgesprochen hatte, bis Melanchthon.

Zwei Jahrzehnte später stellte Luther enttäuscht fest, dass nur wenige Juden zum Christentum übergetreten waren. Vielmehr hatten die meisten sich wegen seines Toleranzappells in ihrer Glaubensausübung bestärkt gefühlt. Daher änderte der Reformator in seinen letzten Lebensjahren seine Haltung so erschreckend rigoros wie vormals gegenüber den Bauern. In seiner Schrift „Von den Juden und ihren Lügen" zieh er die Askenasen 1543, mit dem Teufel im Bunde zu stehen: Sie bildeten eine Gefahr für die Gemeinschaft. Man möge ihnen daher Handel und Geldverleih verbieten, ihre Häuser und Synagogen niederbrennen und die Verführer zum Bösen des Landes verweisen.[85] Die Nationalsozialisten haben diesen Bannfluch mit Freuden aufgegriffen.[86]

---

85 Weimarer Ausgabe 53, S. 412–552.
86 Kaufmann, a. a. O., S. 174; Matthieu Arnold und Rolf Decot (Hg.): Christen und Juden im Reformationszeitalter. Göttingen: Vandenhoeck & Ruprecht, 2007; Heinz Schilling (Hg.): Der Reformator Martin Luther 2017. Eine wissenschaftliche und gedenkpolitische Bestandsaufnahme. Berlin, München, Boston: De Gruyter Oldenbourg, 2017.

In Stein gemeißelter Antisemitismus: Die Judensau

Der Streit entzündet sich immer wieder an der Judensau. Das Schwein war seit jeher Tiermetapher für die Unverbesserlichkeit von Sündern, gemäß dem Bibelwort: „Die gewaschene Sau wälzt sich wieder im Dreck" (2 Petr. 2,22). Auf mittelalterlichen Plastiken, Wandbildern und Flugblättern stellen Juden Dreckschweine dar, die wie Ferkel an den Zitzen einer Sau saugen oder verkehrt herum auf einem Schwein sitzen und ihm in den Hintern gucken, aus dem Kot und Urin spritzen.[87] Auch in/an der Stadtkirche zu Wittenberg gibt es seit 1290 ein Sandsteinrelief mit einer Judensau. Es war ursprünglich Teil eines Bilderzyklus im Altarraum zur Abwehr von Dämonen und Sünden. Ein Rabbi schaut der Sau in den After, und zwei andere laben sich an der Milch aus ihren Zitzen. Die als Juden kenntlich gemachten Figuren standen für die Sünde des

---

[87] Eduard Fuchs: Die Juden in der Karikatur. München 1921. Nachdruck Leipzig: Verlag Adrian Schelm, 2018; Kurt Reumann: Das antithetische Kampfbild, a. a. O., S. 13 ff.

Irrglaubens und sollten Christen von der Konversion zum Judentum abhalten.[88]

Die zweitürmige Stadt-, Pfarr- und Bürgerkirche ist nicht zu verwechseln mit der Schlosskirche, an deren Tür Luther am 31. Oktober 1517 seine 95 Thesen angeschlagen haben soll. Das eintürmige Gotteshaus diente auch als Universitätskirche. Wer an Luther denkt, verbindet ihn daher unwillkürlich mit der Schlosskirche. Allerdings gilt nicht sie, sondern die Stadtkirche als „Mutterkirche der Reformation". Hierher eilte Luther 1522 von der Wartburg, um den Bilderstürmern zu wehren (Invokativpredigten), hier wurde die Messe in deutscher Sprache gepredigt, hier das Abendmahl „in beiderlei Gestalt" als Brot und Wein an die Gemeinde ausgeteilt. Und hier befindet sich die *Judensau*.

Viele Juden empfinden das als Provokation. Aber ihre Klagen vor Gericht hatten keinen Erfolg. Am 14. Juni 2022 wies der Bundesgerichtshof die Revision eines Klägers zurück. (VIZR 172/20) Zwar sei kaum eine bildliche Darstellung denkbar, die unserer Rechtsordnung in höherem Maße widerspreche, führten die Richter aus. Aber weil die Kirchengemeinde sich hinreichend von der Polemik des Reliefs distanziert habe, werde aus dem „Schandmal" ein „Mahnmal". Ein Warnruf an Ort und Stelle. Eine Bodenplatte erläutere,

---

88 Jörg Bielig, Johannes Block, Ernst Joachim Waschke (Hg.): Die „Wittenberger Sau". Entstehung, Bedeutung und Wirkungsgeschichte des Reliefs der sogenannten „Judensau" an der Stadtkirche Wittenberg. Landesamt für Denkmalpflege und Archäologie Sachsen-Anhalt, Halle 2020.

wie aus Verspottung und Diskriminierung Verfolgung und Tötung bis hin zur Shoah werden könnten.[89]

---

89 Marlene Grunert: Die „Wittenberger Judensau" darf bleiben. In: F. A. Z. vom 14. Juni 2022.

Gegen und für Orgelpfeifen

Luther kann einem noch heute einen Schreck ins Herz und in die Hose jagen. Aber er kann einen auch mit seinen liebenswürdigen Seiten betören, nicht nur, aber besonders mit der Musik. Kalt lässt er einen nie. Dagegen war Karlstadts Verhältnis zur Musik von Verstandeskälte bestimmt.

War Luthers Doktorvater ein Puritaner? Offenbar hat er sich nicht nur gegen die bildlichen, sondern auch gegen die musikalischen Bestandteile des katholischen Gottesdiensts gewandt. Gegen Gesang, Orgelpfeifen und Flötenklang. Warum diese Askese? Weil Musik angeblich vom Geist der Worte ablenkt.[90]

Ganz anders Luther. Er hat die Musik als Gottesgeschenk gepriesen und Orgelspiel sowie Gemeindechoral aufs innigste mit dem Gottesdienst verwoben. „Von allen Freuden auf Erden / Kann niemandem eine schönere werden; denn die ich geb mit mein'm Singen" bejubelte Luther 1538 Frau Musica.[91] Auch der Text von Paul Hindemiths Kanon „Wer sich die Musik erkiest" geht auf Luther zurück: „Wer sich die

---

90 Barge, I, S. 368 ff.
91 Luther zum Vergnügen. Stuttgart: Reclam 18802, 2011, S. 133 f.

Musik erkiest, hat ein himmlisch Gut gewonnen; / denn ihr erster Ursprung ist / von dem Himmel selbst gekommen, / weil die lieben Engelein (…) / selber Musikanten sein." Die lieben Engelein! Sie überraschen uns überall. Hier sei nur an das Gebot der Gastfreundschaft erinnert: „Gastfrei zu sein vergesset nicht; denn durch dasselbige haben etliche ohne ihr Wissen Engel beherberget."[92]

Luthers Einfluss auf die Volks- und die Kunstmusik kann gar nicht hoch genug eingeschätzt werden. Er selbst hat 36 Lieder getextet, die er oft zu populären weltlichen Melodien verfasste. Er setzte auf die Macht der Musik und deren pädagogische Wirkung. Auf seinen Spuren wandelten nicht nur Heinrich Schütz, Dietrich Buxtehude, Johann Sebastian Bach und Johannes Brahms, sondern auch Meister, die heute kaum noch dem Namen nach bekannt sind – etwa der musikalische Grillenvertreiber Melchior Frank (1579–1639) und der Benediktiner-Pater Johann Valentin Rathgeber (1682–1750) mit seinem Lied „Alleweil ein wenig lustig, alleweil ein wenig durstig".

Ich wohne in Niederhöchstadt neben der katholischen Kirche und freue mich als evangelischer Christ, wenn wenigstens die Katholiken noch Luthers Lieder singen. Wahlverwandtschaft? Der Reformator war ja, dem Papst zum Trotz, verdammt katholisch!

....

[92] Hebräer,13,2; Gottfried Wolters: ars musica. Wolfenbüttel: Möseler Verlag, 1968, S. 16.

Karlstadt auf Wanderschaft

Es ist behauptet worden, Karlstadt sei viel zu unpolitisch gewesen, um eine eigene Kirche zu gründen. Aber wie hätte er das denn anstellen sollen, wenn er von Ort zu Ort gescheucht wurde und nirgends auf Dauer eine Gemeinde hat um sich scharen können? Luther wusste nur zu gut, dass er seinem Doktorvater keine Ruhe gönnen durfte. Er hielt Karlstadt für seinen gefährlichsten Rivalen. Wo auch immer der Wanderer zwischen den Fronten Wurzeln zu schlagen versuchte, hat der Reformator sie mithilfe von ihm ergebenen Predigern und von Fürsten ausgerissen. So ist aus Karlstadts Wanderzeit ein einziger Leidensweg geworden. Oft hat er seine Frau mit den beiden Kindern vorausschicken oder nachholen müssen, weil er sie mit seiner Hände Arbeit oder mit seinen Predigten nicht hat ernähren können.

Zur Taktik, Misstrauen gegen den Unbehausten zu säen, gehörte die Verdächtigung, er stehe nach wie vor rabiaten Fanatikern aus dem Umkreis von Thomas Müntzer nahe. Luther ist dieser Bezichtigung nicht entgegengetreten; in dunklen Augenblicken hat er das Gerücht sogar geschürt. Dabei hat sein Doktorvater zeitlebens gegen Gewalt plädiert. Als der kleine Prediger wieder einmal vor den Toren der Stadt Rothenburg ob der Tauber aufkreuzte, soll er fast von einem Bauernführer erschlagen worden sein, weil er sich mit beschwörenden Worten gegen einen gewaltsamen Aufruhr wandte.[93]

Inhaltlich geht es bei den hohe Wellen schlagenden Auseinandersetzungen erstaunlich oft um die Abendmahlsfrage: Ist Christi Leib und Blut in den eucharistischen Gaben Brot und Wein real oder nur symbolisch zugegen? Die Version von der Realpräsenz vertreten Luther und Karlstadt anfangs gemeinsam. Luther sollte später bekunden, Leib und Blut Christi seien „in, mit und unter" den Elementen Brot und Wein gegenwärtig. Karlstadt kommt dagegen bereits in Orlamünde zu der Überzeugung, das Abendmahl habe nur metaphorisch-sinnbildliche Bedeutung. Es diene dem Gedächtnis an Christi Opfertod. Der grüne Professor berief sich auf Paulus, der in seinem Brief an die Korinther formulierte: „Denn der Herr Jesus in der Nacht, da er verraten ward, nahm das Brot, dankte und brach's und sprach: Nehmet, esset; das ist mein Leib, der für euch gebrochen wird; solches tut *zu meinem Gedächtnis*. Desselbigengleichen nahm er auch den Kelch nach dem Abendmahl und sprach: Dieser Kelch ist das neue Testament in meinem Blut; solches tut, so oft ihr's trinket, *zu meinem Gedächtnis*. (1. Kor. 11, 23–25)

Auch der Evangelist Matthäus beschreibt diese Abendmahlsfeier: „Da sie aber aßen, nahm Jesus das Brot, dankte und brach's und gab's den Jüngern und sprach: Nehmet, esset; das ist mein Leib. Und er nahm den Kelch und dankte, gab

---

93 Ausstellung zum Reformationsjahr 1517 im Stadtgeschichte-Museum Karlstadt.

ihnen den und sprach: Trinket alle daraus; das ist mein Blut des neuen Testaments, welches vergossen wird für viele zur Vergebung der Sünden." (Matth. Kap. 26, 26–28) Das ist die Version, die Luther bevorzugt und die Karlstadt anfangs auch favorisiert hat. Sie deutet mit keinem Wort an, dass Brot und Wein nur zum Gedächtnis Christi kredenzt werden.

Karlstadt als Mittler unerwünscht

Der grüne Professor war also prädestiniert, zwischen beiden Positionen zu vermitteln: der, dass Christi Blut und Leib in Wein und Brot präsent seien, und der, dass dieser Kelch nur zu Christi Gedächtnis getrunken werde. Es hätte nahegelegen, Karlstadt an den Streitgesprächen des Jahres 1529 zu beteiligen, zumal er über das Hauptthema Abendmahl mit Luther schon oft die Klingen gekreuzt hatte. Aber der Reformator wusste Karlstadts Mitwirkung unter Aufbietung aller diplomatischen Kniffe zu verhindern.

Am Flensburger Religionsgespräch im April 1529 über die Abendmahlskontroverse hat sich Karlstadt nicht beteiligen dürfen, wiewohl er damals ganz in der Nähe, nämlich in Kiel, weilte.[94] Ebenso wenig durfte er beim Marburger Religionsgespräch zwischen Luther und Zwingli im Oktober 1529 mitmachen. Dabei hätte der Gastgeber Landgraf Philipp von Hessen, der eher Zwinglis Auffassung zuneigte, eigentlich nichts dagegen gehabt, wenn auch der Zwingli-Verehrer Karlstadt mit

---

94 Barge, a. a. O., Bd. 2, S. 389.

von der Partie gewesen wäre; aber er durfte es sich nicht mit den Kursachsen verderben.[95]

Luther war dazu übergegangen, seine Lehre von oben nach unten auszubreiten – mit aller Strenge von Bischöfen und Pfarrern sowie vom Staat unterstützt. Dieses resolute Vorgehen erregt vor allem in Gegenden wie Ostfriesland und Bremen Ärger, wo es das Volk gewohnt ist, gehört zu werden und womöglich mitzuentscheiden. Das bezeugt ein Zwischenfall in Emden. Als die lutherischen Prediger Pelt und Timan die Gemeinde in herrischer Manier zu Luthers Abendmahlslehre bekehren wollen und erklären, Christi wahrhaftiges Fleisch und Blut werde mit dem Mund empfangen, tönt es ihnen aus dem Mittelschiff entgegen: „Schlagt die Fleischfresser tot!" Der Prediger wird von der Kanzel herabgezogen und nur mithilfe des Landesherrn und seiner Diener der wütenden Menge entrissen.[96]

Andreas Bodenstein sind solche Ausschreitungen ein Gräuel. Nicht nur, dass ihm die ganze Richtung stinkt. Noch mehr ist ihm, dem behutsamen Kommunikator, zuwider, dass man Menschen seinen Willen aufzwingt.

---

95 Barge, a. a. O., Bd. 2, S. 408; Joestel, a. a. O., S. 63.
96 Barge, a. a. O., Bd. 2, S. 409.

Luthers Selbstanklage

Was hat Luther veranlasst, seinen Doktorvater so zu drangsalieren? Sicher, es war die Sorge um sein Werk. Aber da war noch etwas: Die Selbstanklage, dass er am Auseinanderdriften der Fliehkräfte im eigenen Lager nicht ganz unschuldig sei, trieb ihn schier zur Verzweiflung. Um das zu erklären, muss etwas weiter ausgeholt werden.

Luther hat nicht eine neue Konfession gründen, sondern das alte Bekenntnis von Mängeln reinigen wollen. Der Wittenberger Reformator hat Einheit und Einigkeit der lateinischen *christianitas* durch die universelle Erneuerung der religiösen Grundlagen wiederherstellen wollen. Doch erreicht hat er das Gegenteil, weil die Zentrifugalkräfte des Partikularismus die *societas christiana* in Konfessionen aufspalteten.

Als er den Glauben auf das Gewissen stellte, hat Luther den nonkonformistischen, eigensinnigen Individualismus zur Triebfeder des Glaubens gemacht. Margot Käßmann, die frühere Landesbischöfin der Evangelischen Kirche in Hannover und Ratsvorsitzende der Evangelischen Kirche in Deutschland, beschreibt das Dilemma so: „In Fragen des Glaubens und des Gewissens ist jeder Mensch frei. Luther hat den Weg bereitet dafür, dass jeder Mensch Gewissensfreiheit hat in unserem Land. Du kannst glauben, nicht glauben, anders glauben. Das war ein großer Wurf."

Aber Luther hatte seine Zweifel daran, ob es ein großer Wurf gewesen ist, jedermann einzuladen, zu glauben, nicht zu glauben oder anders zu glauben. In seiner Not suchte er Hilfe bei den Fürsten und vertraute dem jeweiligen Landesherrn auch das Amt des obersten Kirchenherrn (*summus episcopus*) an. Damit verletzte er seine Maxime, dass die Kirche für das Seelenheil zuständig sei und die Obrigkeit (nur!) für die äußere Ordnung. Wie man es auch drehte und wendete, die jeweilige Lösung war eine Zwickmühle und brachte einen in Seelennot.

Um sein Leben disputieren

Widersprüchlich war auch Luthers Beitrag zur Streitkultur. Ebenso wie Hus hat er *für sein Leben gern* disputiert – was den Spaß, aber auch was den tödlichen Ernst angeht. Von ihm sind 50 verschiedene Thesenreihen erhalten. Besonders in der Frühzeit der Reformation hat er auch Schriften, die nicht als Thesen für akademische Wortgefechte dienen sollten, im Disputationsstil abgefasst. Seine Handschrift zeichnete sich durch drei Charakteristika aus: 1. Die einzelnen Thesen bilden ein geschlossenes Konzept. 2. Es werden nur Kernfragen des Glaubens erörtert. Petitessen haben in einer Disputation nichts zu suchen. Die für Luthers Theologie nebensächlichsten Thesen waren die, für die er berühmt geworden ist: die Ablass-Thesen. 3. Die Sätze sind von schlagender Kürze, die Urteile von unerbittlicher Schärfe. Basta. Die Feuertaufe akademischer Disputationen verlieh den Reformatoren Gewandtheit, Überzeugungskraft und Standfestigkeit.

Das scholastische Wortgefecht war für Luther wie für Hus nicht nur eine Waffe zum Erstreiten der Glaubenswahrheit, sondern auch ein Machtmittel, um Waffengleichheit herzustellen. Den päpstlichen Legaten Thomas Cajetan versuchte Luther auf den Reichstagen zu Augsburg (1518) und Worms

(1521) zur Herstellung formaler Gleichrangigkeit in eine Disputation zu verwickeln. Dagegen hätte der Kardinal gern die Form eines väterlichen Verhörs vorgezogen. Aber Luther verbat sich jede Belehrung. Sein Einwand, er wolle sich nur klaren Vernunftgründen beugen und im Übrigen aus der Bibel belehrt werden, bedeutet nicht, dass er in Glaubensfragen rationaler Einsicht nachgeben wollte. Im Gegenteil, er hasst Aristoteles und mit ihm alle Thomisten, die Glaubenswahrheiten demselben rationalen Verfahren unterzogen, mit dem sie im Streit der Argumente auch alle anderen Fragen zu lösen versuchten: der scholastischen Methode. Daher schmäht er die unreformierten Universitäten als Burgen des Teufels. Am Anfang war Luthers Reformation eine Universitätsreform.

Weil die Bibel für Luther sakrosankt war, ließ er keine rationalen Einwände gegen ihre Aussagen gelten. Sein Abscheu gegen den Gottesdienst der Vernunft, dem auch wir so gern frönen, steht auf dem einen Blatt. Auf dem anderen verneint seine biblische Buchstabentreue die Beweiskraft der Erfahrung. Fünfhundert Jahre nach der Leipziger Disputation sollten wir gelernt haben, dass niemand die Wahrheit gepachtet hat. Nicht einmal die Bibel.

Karlstadt in Zürich und Basel

1530 findet Karlstadts Odyssee ein gnädiges Ende. Nach dem Abenteuer in Ostfriesland und einem Zwischenaufenthalt in Straßburg wendet er sich Basel und Zürich zu. Das haben ihm Herz und Verstand eingegeben; denn hier feiert man das Abendmahl „nur" als symbolische Gedächtnishandlung; hier florieren Schulen und Hochschulen, und hier darf Karlstadt ohne Auflagen predigen.

Besonders berührt sein Loblied auf den Unterricht in der Eidgenossenschaft. Begeistert schildert er, wie die Knaben bereits in der Vorschule zur Lektüre des griechischen Testaments angehalten werden und wie sie die römischen Dichter und Historiker lesen, zumal Cicero. An der Universität studieren Erwachsene das Alte Testament in vier Sprachen: Lateinisch, Hebräisch, Griechisch, Deutsch. Was, wenn Melanchthon Kontakt zu Karlstadt aufgenommen und seine Vorurteile über den grünen Professor korrigiert hätte?! Aber leider schimpfte der Praeceptor Germaniae unter Luthers Einfluss nur über seinen in die Schweiz verschlagenen Kollegen. Daher registrierte er auch nicht, dass Karlstadt sich ebenso wie Melanchthon freute, wenn die Wissenschaften blühten. Verpasste Chancen.

Zwinglis Tod

Im September 1531 verschaffte der Zürcher Reformator Huldrych Zwingli seinem Freund Karlstadt eine Predigerstelle in Altstätten im oberen Rheintal.[97] Der allzeit Hilfsbereite weiß, dass man dort von ihm erwartet, einen Streit zwischen religiösen Heißspornen zu schlichten. Aber die Aufgabe erweist sich als undankbar; denn der so oft Gemaßregelte muss jetzt andere maßregeln.[98] Einen Monat, nachdem er sein Amt in Altstätten angetreten hatte, erreicht ihn die Nachricht, dass Zwingli in der Schlacht bei Kappel auf grausamste Weise umgekommen ist. Im Religionskrieg gegen die katholischen Schweizer Kantone hatte Zwingli es sich nicht nehmen lassen, als Soldat an der Auseinandersetzung teilzunehmen.

Wegen ihres brüderlichen Einvernehmens hält sich noch längere Zeit die Legende, Zwingli und Karlstadt seien Seite an Seite gefallen. Als Luther erfuhr, dass dem nicht so war, verdächtigte er seinen Doktorvater der Feigheit. Ach, Luther![99]

....

97 Barge, a. a. O., Bd. 2, S. 430.
98 Barge, a. a. O., Bd. 2, S. 435.
99 Barge, a. a. O., Bd. 2, S. 440 f.

Zurück in Zürich und Basel

Anfang 1532 kehrt Karlstadt nach Zürich zurück. Wie die anderen Zürcher Prediger, voran ihr Oberer Heinrich Bullinger, stellt Karlstadt seinen Dienst in die Erinnerung an Zwingli; er predigt des Öfteren auf derselben Kanzel, von der aus der Zürcher Reformator Gottes Wort verkündet hat. Trotzdem erweist er sich nicht als Zwinglianer. Vielmehr bleibt er, was er seit Anfang der Reformation gewesen ist: ein Wahrheitsfanatiker, gründlich und grübelnd, ein laienchristlicher Puritaner, kommunikativ und den Menschen nahe. Nur milder ist er geworden.

Im Sommer 1534 siedelt der Unermüdliche nach Basel über. Er erfährt die Genugtuung, dass die einen ihn nicht gehen lassen und die anderen ihn unbedingt haben wollen. Bullinger stellt ihm das beste Zeugnis aus, als er an seine Baseler Freunde schreibt, sie brauchten nicht zu befürchten, dass Karlstadt so sei, wie Luther ihn zeichne: „Er ist eine sehr milde, demütige Persönlichkeit, frei von jeder einseitigen Parteistellung."[100] Den Ausschlag für seinen Umzug wird gegeben haben, dass der grüne Professor in Basel endlich genug verdient, um seine Familie frei von Sorgen erhalten zu können.

---

100 Barge, a.a.O., Bd. 2, S. 456.

Karlstadt erliegt im Kampf gegen die Pest

1541 bricht in Basel die Pest aus. Der Rat der Stadt ordnet an, dass die Bürger vor der Arbeit einen Gottesdienst besuchen und Gott um Gnade und Befreiung von der Seuche bitten sollen. Das Gebet, das Karlstadt damals alltäglich in der Peterskirche vor seiner Gemeinde spricht, hätte Luther gefallen müssen. Sein Doktorvater gesteht in schlichten Worten: „Wir bekennen, dass Du gerecht bist in allem, das Du über uns gebracht hast, dieweil wir alle wider Dich gesündigt haben …", und er erfleht Gnade und Barmherzigkeit für alle Schuldbeladenen.[101] Dann ereilt auch ihn die Pest: Am Weihnachtsabend 1541 stirbt Karlstadt im Kreise seiner Angehörigen. 20 Jahre, nachdem der grüne Professor zum ersten Mal am Weihnachtsabend 1521 wie ein Bauer im grauen Kittel gepredigt und das Abendmahl in beiderlei Gestalt verteilt hat, holt ihn der Herr heim.

Karlstadts Biograf Hermann Barge veröffentlicht am Anfang seines Werks einen Stich, der den grünen Professor zeigt, wie er seinen Mund zu einem Scherz spitzt. Der kleine hagere

---

101 Barge, a. a. O., Bd. 2, S. 503.

Mann hätte als tragische Figur gelten können, wenn er nicht so gern gelacht hätte. Auch wenn es nichts zu lachen gab. Vor Griesgram beschützte ihn seine ständige Bereitschaft, anderen, vor allem den Armen und Bedrängten, zu helfen. Das Wort: „An ihren Früchten sollt ihr sie erkennen!" (Matthäus 7,16) hat er mehr geschätzt als Luther. Der kleine Reformator hätte sich gewünscht, dass der große Reformator stärker darauf geachtet hätte, wieviel Gutes er tat. Der Resignation entging Karlstadt, indem er unverdrossen gegen Irrtümer und Infamie anpredigte. 70 gedruckte Werke in mehr als 200 Ausgaben bezeugen seine Produktivität als Theologe und Schriftsteller. Nur Luther hat noch mehr publiziert. Was Wunder, dass sich das Bild des Unverdrossenen in der Forschung endlich zu wandeln beginnt.

Am Reformationstag 2022 hat die ARD den Gottesdienst aus der Stadtkirche Jena übertragen. Die Predigt hielt die Pastorin Nina Spehr. Sie wies auch mehrmals auf Luthers Doktorvater hin. Immerhin. Aber ein Bild des kleinen Reformators mit dem großen Herzen ergab das nicht. Daher bitte ich um mehr Aufmerksamkeit für Andreas Bodenstein aus Karlstadt! Gerechtigkeit für einen Gerechten![102]

---

[102] Erich Freys und Hermann Barge: Verzeichnis der gedruckten Schriften des Andreas Bodenstein von Karlstadt. In: Zentralblatt für Bibliothekswesen 21, 1904, 153–159; 209–243; 305–331; Thomas Kaufmann u. a. (Hg.): Kritische Gesamtausgabe der Schriften und Briefe Andreas Bodensteins von Karlstadt. Gütersloher Verlagshaus; Martin Keßler: Das Karlstadt-Bild in der Forschung. Tübingen: Verlag Siebeck Mohr, 2014.

Plus ultra

Karl V. hat Karlstadt, den er vermutlich gar nicht kannte, um 17 Jahre überlebt. Wie jung ist er gewesen, als er 1520 in Aachen gekrönt wurde! 1556, im Alter von 55 Jahren, entschied sich der mächtigste Herrscher auf Erden, Krone und Ämter niederzulegen. Er zog sich, von Krankheiten geplagt, ins Kloster des Einsiedlerordens der Hieronymiten bei Madrid zurück. Hier starb er am 21. September 1558. Wir dürfen erleben, wie sich sein Traum, Europa zu einen, unter anderen Umständen erfüllt. Stehen wir nicht beiseite!

Zum Autor

Dr. Kurt Reumann, geboren am 24. September 1934 in der Hebbelstadt Wesselburen nahe Büsum an der plattdeutschen Waterkant; gestorben am 11. November 2023 in Herrenberg im Süden Deutschlands. Nach der Volksschule als Fahrschüler am Gymnasium in Heide/Holstein. Abitur in Neumünster bei Kiel an der „Holstenschule". Anschließend Volontariat beim „Holsteinischen Courier" im Wachholtz-Verlag. Studium der Publizistikwissenschaft, Germanistik, Kunstgeschichte und Geschichte an der Freien Universität Berlin. Promotion bei Emil Dovifat, dem Nestor der Publizistikwissenschaft, der 20 Jahre vorher auch Doktorvater von Elisabeth Noelle-Neumann gewesen war. Wissenschaftlicher Mitarbeiter von Elisabeth Noelle am Institut für Demoskopie in Allensbach am Bodensee und in Mainz am Institut für Publizistik der Johannes Gutenberg-Universität. Von dort wechselte er auf Einladung des Gründungsherausgebers der „Frankfurter Allgemeinen", Erich Welter, der einen Lehrstuhl in Mainz hatte, in die politische Redaktion der „Frankfurter Allgemeinen Zeitung". Zuständig für Wahlprognosen, Bildungspolitik und das Projekt „Jugend schreibt/Zeitung in der Schule", das er bereits am „Holsteinischen Courier" aus der Taufe gehoben hatte.

Rufe an Universitäten lehnte er ab, weil er von seiner Arbeit als Journalist fasziniert war. Im Jahr 2000 in den Ruhestand getreten.

Verheiratet mit der 2021 verstorbenen Gymnasiallehrerin und Diplomchemikerin Bärbel Reumann. Drei Kinder: Anne, Martin und Matthias. In ständigem Austausch mit Dr. Christoph Führ, einem Luther-Experten par excellence. Mit Führ arbeitete Reumann bereits zusammen, als dieser noch am Deutschen Institut für Internationale Pädagogische Forschung in Frankfurt a. M. tätig war. Ehrenmitglied des Deutschen Hochschulverbands, der Berufsvertretung der Universitätsprofessoren; Mitglied der Akademie gemeinnütziger Wissenschaften zu Erfurt.

Literaturverzeichnis

Adventspostille 1522, Kritische Gesamtausgabe, Weimar: Verlag Hermann Böhlaus Nachfolger, 1925, 10 1/2, 95.

Aland, Kurt (Hg.): Martin Luther: Tischreden, 2009.

Alavarez, Manuel Fernandez: Karl V. Herrscher eines Weltreichs. Stuttgart–Zürich–München: Heyne Biographie Nr. 69, TB-Ausgabe, 1997, S. 29–43.

Alvarez, Manuel Fernandez (Hg.): Corpus documental de Carlos V., Salamanca 1973–1981, 5 Bde.; hier: Bd. I, 276.

Alvarez, Manuel Fernandez: Karl V. Herrscher eines Weltreichs. München: Wilhelm Heyne Verlag, 1999 = Heyne Sachbuch 715, S. 35.

Arffman, Kaarlo: Was war das Luthertum? Einleitung in eine verschwundene Auslegung des Christentums. Wien: LIT Verlag, 2015.

Arnhardt, Gerhard / Reinert, Gerd-Bodo: Philipp Melanchthon. Architekt des neuzeitlich-christlichen deutschen Schulsystems. Donauwörth: Auer Verlag, 1997.

Arnold, Matthieu / Decot, Rolf (Hg.): Christen und Juden im Reformationszeitalter. Göttingen: Vandenhoeck & Ruprecht, 2007.

Barge, Hermann: Andreas Bodenstein von Karlstadt, 2 Teile, Leipzig 1905; hier: Teil 1.

Bielig, Jörg / Block, Johannes / Waschke, Ernst Joachim (Hg.): Die „Wittenberger Sau". Entstehung, Bedeutung und Wirkungsgeschichte des Reliefs der sogenannten „Judensau" an der Stadtkirche Wittenberg. Landesamt für Denkmalpflege und Archäologie Sachsen-Anhalt, Halle 2020.

Blickle, Peter: Der Bauernkrieg. Die Revolution des Gemeinen Mannes. München: C.H. Beck, 2011.

Bornkamm, Heinrich: Das Jahrhundert der Reformation. Gestalten und Kräfte. Frankfurt am Main: Insel-Verlag, 1983 = Insel Taschenbuch.

Brandi, Karl: Kaiser Karl V. Frankfurt: Societäts-Verlag, 1979; Ferdinand Seibt: Karl V. München 1999.

Brandi, Karl: Reformation und Gegenreformation. 5. Aufl. Frankfurt/Main: Societäts-Verlag, 1979.

Brecht, Martin: Martin Luther. Sein Weg zur Reformation. 2. Aufl. Stuttgart: Calwer Verlag, 1983, S. 173–255.

Brendel, Walter: Die Fugger. Ein schwäbisches Kaufmannsgeschlecht. Berlin: epubli Verlag, 2021.

Brendler, Gerhard: Martin Luther: Theologie und Revolution. Berlin: VEB Deutscher Verlag der Wissenschaften, 1983, S. 164.

Cortés, Hernándo: Die Eroberung Mexikos. Drei Berichte an Kaiser Karl V., 5. Aufl.: Frankfurt/Main: Insel-Verlag, 1980.

Creutzberg, Heinrich August: Karl von Miltitz 1490–1529. Sein Leben und seine geschichtliche Bedeutung. Freiburg im Breisgau: Herder, 1907.

Delius, Hans-Ulrich (Hg.): Martin Luther. Studienausgabe, Bd. 1, Berlin: Evangelische Verlagsanstalt, 1979, S. 13–28.

Demandt, Alexander: Sternstunden der Geschichte. München: C. H. Beck, 2000.

Ebeling, Gerhard: Das Gewissen in Luthers Verständnis. Leitsätze. In: Ders.: Lutherstudien, Bd. 3, Tübingen: Mohr, 1985, S. 108–125; 385–389.

Elliger, Walter: Thomas Müntzer. Leben und Werk. Göttingen: Vandenhoeck & Ruprecht, 3. Auflage 1976.

Eulenburg, Franz: Über die Frequenz der deutschen Universitäten in früherer Zeit. In: Jahrbücher für Nationalökonomie und Statistik, dritte Folge, Bd. 13, Jg. 1897, S. 525.

Fauth, Dieter: Thomas Müntzer in bildungsgeschichtlicher Sicht. Köln u. a.: Böhlau, 1993 = Studien und Dokumentationen zur deutschen Bildungsgeschichte, Bd. 43.

Feldmann, Christian: Martin Luther. Reinbek bei Hamburg: Rowohlt TB, 2009.

Freys, Erich / Barge, Hermann: Verzeichnis der gedruckten Schriften des Andreas Bodenstein von Karlstadt. In: Zentralblatt für Bibliothekswesen 21, 1904, 153–159; 209–243; 305–331.

Friedenthal, Richard: Luther. Sein Leben und seine Zeit. München–Zürich: Piper Verlag, 5. Aufl. 1979, S. 101.

Friedenthal, Richard: Luther. Sein Leben und seine Zeit. München–Zürich: Piper Verlag, 5. Aufl. 1979, S. 101.

Friedenthal: Luther. Sein Leben und seine Zeit. München–Zürich: Piper, 5. Aufl., 1979, S. 208 f.; 217.

Fuchs, Eduard: Die Juden in der Karikatur. München 1921. Nachdruck Leipzig: Verlag Adrian Schelm, 2018.

Gebhardt: Handbuch der deutschen Geschichte, Bd. 2: Von der Reformation bis zum Ende des Absolutismus. Stuttgart: Union Verlag, 1970, S. 41.

Goertz, Hans-Jürgen: Thomas Müntzer. Revolutionär am Ende der Zeiten. München: C.H. Beck, 2015.

Grisar, Hartmann / Heege, Franz: Luthers Kampfbilder. Freiburg im Breisgau: Herder Verlagsbuchhandlung, 1922.

Grunert, Marlene: Die „Wittenberger Judensau" darf bleiben. In: F.A.Z. vom 14. Juni 2022.

Göttert, Karl-Heinz: Luthers Bibel. Geschichte einer feindlichen Übernahme. Frankfurt a. M.: S. Fischer, 2017.

Hermann, Horst: Martin Luther. Ketzer und Reformer, Mönch und Ehemann. München: Orbis Verlag, Sonderausgabe 1999, S. 92–94.

Hoess, Irmgard: Georg Spalatin. Ein Leben in der Zeit des Humanismus und der Reformation. Weimar: Verlag Böhlau, 1989.

Holsing, Henrike: Luther – Gottesmann und Nationalheld. Diss. Köln 2004.

Joestel, Volkmar: Andreas Bodenstein, genannt Karlstadt. Schwärmer und Aufrührer? Wittenberg: Drei-Kastanien-Verlag, 2000, S. 12 f.

Kaufmann, Thomas u. a. (Hg.): Kritische Gesamtausgabe der Schriften und Briefe Andreas Bodensteins von Karlstadt. Gütersloher Verlagshaus.

Kaufmann, Thomas: Die Druckmacher. Wie die Generation Luther die erste Medienrevolution entfesselte. München: C.H. Beck, 2022, hier S. 125.

Kaufmann, Thomas: Martin Luther. München: C.H. Beck, 5. Aufl. 2017, S. 47 ff.

Kaufmann, Thomas: Wider Papst, Türken und Juden. Luthers Feindbilder und ihre Nachwirkungen. In: Luther und die Deutschen, a. a. O., S. 170–175.

Keßler, Martin: Das Karlstadt-Bild in der Forschung. Tübingen: Verlag Siebeck Mohr, 2014.

Klein, Christoph: Die Schattenseiten der Reformation: Martin Luther und die „Feinde des Evangeliums" – aufarbeitende und vergleichende Betrachtung einer Animosität im Auftrag Gottes. Diss. Erfurt 2020.

Kluge, Thomas (Hg.): Luthers kleine Teufeleien. 5. Aufl. Berlin 2016. = insel taschenbuch 4561, S. 11.

Kohler, Alfred: Karl V. 1500–1558. Eine Biographie. München 2001.

Kohnle, Armin: Gewissensreligion? – Luthers Wormser Rede neu gelesen, publiziert von der Arbeitsgemeinschaft für Sächsische Kirchengeschichte, S. 4 f.

Kohnle, Armin: Martin Luther und das Reich. Glaubensgewißheit gegen Zwang. In: Mariano Delgado, Volker Leppin und David Neuhold (Hg.): Ringen um die Wahrheit. Gewissenskonflikte in der Christentumsgeschichte. Fribourg/Stuttgart: Kohlhammer, 2011, S. 195.

Kohnle, Armin: Reichstag und Reformation. Kaiserliche und ständische Religionspolitik von den Anfängen der Causa Lutheri bis zum Nürnberger Religionsfrieden. Gütersloh: Gütersloher Verlagshaus, 2001.

Kriechbaum, Friedel: Grundzüge der Theologie Karlstadts, Hamburg-Bergstedt: Evangelischer Verlag, 1967, S. 14.

Kupisch, Karl: Von Luther zu Bismarck. Zur Kritik einer historischen Idee. Berlin–Bielefeld: Haus und Schule, 1949.

Köhler, Walther (Hg.): Dokumente zum Ablaßstreit von 1517. Tübingen: Mohr, 1917, S. 158.

Kühne, Hartmut / Bünz, Enno / Wiegand, Peter (Hg.): Johann Tetzel und der Ablaß. Berlin: Lukas Verlag für Kunst- und Geistesgeschichte, 2017.

Lange-Krach, Heidrun (Hg.): Maximilian (1459–1519). Kaiser, Ritter, Bürger zu Augsburg. Ausstellungskatalog. Regensburg: Verlag Schnell & Steiner, 2019.

Lauster, Jörg: Das Christentum. Geschichte, Lebensformen, Kultur. München: C. H. Beck, 2022, S. 93.

Leppin, Volker: Sola fide, Sola scriptura, Sola Gratia, Solus Christus. Grundpfeiler der Theologie Martin Luthers. In: Luther und die Deutschen. Begleitband zur Nationalen Sonderausstellung auf der

Wartburg. Hg. Wartburgstiftung Eisenach, Michael Imhof Verlag, 2017, S. 156 ff.

Luther zum Vergnügen. Stuttgart: Reclam 18802, 2011, S. 133 f.

Luther, Martin: Tischreden. Weimarer Ausgabe, Kap. 70.

Löhdefink, Jan: Zeiten des Teufels. Teufelsvorstellungen und Geschichtszeit in frühreformatorischen Flugschriften (1520–1526). Tübingen: Mohr Siebeck, 2016.

Manns, Peter / Loose, Helmuth Nils: Martin Luther. Bildbiographie zum 500. Geburtstag. Freiburg im Breisgau: Herder Verlag, S. 89 ff.

Müller, Andreas / Heyden, Katharina (Hg.): Bibelübersetzungen in der Geschichte des Christentums. Leipzig: Evangelische Verlagsanstalt, 2020.

Müller, Karl: Luthers römischer Prozeß. In Zeitschrift für Kirchengeschichte 24, 1903, S. 46–85; Remigius Bäumer (Hg.): Lutherprozeß und Lutherbann. Münster: Verlag Aschendorff, 1972, S. 18–48.

Paulsen, Friedrich: Geschichte des gelehrten Unterrichts. 3. erweiterte Aufl., Leipzig: Verlag Veit & Comp., 1919. Photomechanischer Nachdruck Berlin: Walter de Gruyter, 1965, Bd. 1, S. 179 ff.

Pesch, Otto Hermann: Hinführung zu Luther. 2. Aufl. Mainz: Matthias-Grünewald-Verlag, 1983.

Prestle, Nicole: Als der Teufel Martin Luther zur Flucht aus Augsburg verhalf. In: Augsburger Allgemeine vom 19. Juli 2017.

Reumann, Kurt: Das antithetische Kampfbild. Diss. Freie Universität Berlin 1964, gedruckt 1966, S. 14–24; 37–46.

Schilling, Heinz (Hg.): Der Reformator Martin Luther 2017. Eine wissenschaftliche und gedenkpolitische Bestandsaufnahme. Berlin, München, Boston: De Gruyter Oldenbourg, 2017.

Schilling, Heinz: 1517. Weltgeschichte eines Jahres. München: C. H. Beck, 2017, S. 215–254.

Scholz, Günter: „Habe ich nicht genug Tumult ausgelöst?" Martin Luther in Selbstzeugnissen. München: C.H. Beck, 2016, S. 36 ff.

Schuder, Rosemarie: „Ich kenne den Teufel". Martin Luther und sein Doktorvater Andreas Bodenstein aus Karlstadt. Guben: Niederlausitzer Verlag, 2016.

Seibt, Ferdinand: Karl V. Der Kaiser und die Reformation. Berlin: Wolf Jobst Siedler, 1990. Lizenzausgabe für Bechtermünz Verlag, Augsburg 1997, S. 11.

Stayer, James M. / Kühne, Hartmut: Endzeiterwartung bei Thomas Müntzer und im frühen Luthertum. Mühlhausen: Thomas-Müntzer-Gesellschaft e. V., Veröffentlichungen Nr. 16, 2011.

Volkmar, Christoph: Reform statt Reformation. Die Kirchenpolitik Herzog Georgs von Sachsen 1488–1525. Tübingen: Mohr Siebeck, 2008; Gert Wendelborn: Martin Luther. Leben und reformatorisches Werk. Berlin: Union Verlag, 1981, S. 117 ff.

von Loewenich, Walther: Martin Luther. Der Mann und das Werk. München: List Verlag, 1982, S. 127, 393.

Walch, Johann Georg (Hg.): Dr. Martin Luthers sämtliche Schriften. Groß Oesingen: Verlag der Lutherischen Buchhandlung Heinrich Harms, 1987, Bd. XXa, Briefe 1. Abt., Sp. 91, Brief an Scheuerl vom 5. März 1518.

Weismann, Erich: Die Eroberung und Zerstörung der Stadt Weinsberg und des Schlosses Weinsberg im Bauernkrieg. Eine Rekonstruktion der Vorgänge nach zeitgenössischen Augenzeugenberichten. Weinsberg: Verlag des Nachrichtenblattes der Stadt Weinsberg, 1992.

Wolters, Gottfried: ars musica. Wolfenbüttel: Möseler Verlag, 1968, S. 16.

Wrede, Adolf (Hg.): Deutsche Reichstagsakten unter Kaiser Karl V., Bd. 2, bearbeitet von Adolf Wrede, Gotha 1896, S. 526 f., Nr. 73.

Zeunert, Susanne: Bilder in Martin Luthers Tischreden. Argumente und Beispiele gegen die Laster Hochmut, Abgötterei und Betrug. Diss. Universität Trier, 2016.

Zimmermann, Wilhelm: Der große deutsche Bauernkrieg. Neu-Auflage, Neu-Isenburg: Melzer Verlag, 2006.

THEOLOGIE / RELIGIONSWISSENSCHAFT

Bd. 1 Sidnei Vilmar Noé: Einstellungs- und Verhaltensänderungen in und durch Kleingruppen: Rezeption eines sozialpsychologischen Komplexes für den kirchlichen Kontext. 266 Seiten. ISBN 978-3-86596-048-1

Bd. 2 István Keul: Religion, Ethnie, Nation und die Aushandlung von Identität(en). Regionale Religionsgeschichte in Ostmittel- und Südosteuropa. 184 Seiten. ISBN 978-3-86596-009-2

Bd. 3 Wilhelm Schmidt: Der brennende Dornbusch. Eine Darlegung des Evangeliums nach Johannes. 1370 Seiten. (Broschur) ISBN 9-783-86596-044-3. (Hardcover) ISBN 9-783-86596-045-0

Bd. 4 Barbara Kern: Das altägyptische Licht- und Lebensgottmotiv und sein Fortwirken in israelitisch/jüdischen und frühchristlichen Traditionen. Eine religionsphänomenologische Untersuchung. 636 Seiten. ISBN 978-3-86596-107-5

Bd. 5 Elke Axmacher: Lebenswege – Fluchtwege. Kantaten- und Liedpredigten an der Universität Bielefeld 1995–2006 mit musikalischen Erläuterungen von Michael Hoyer. 138 Seiten. ISBN 978-3-86596-165-5

Bd. 6 Wilhelm Schmidt: Ravenna. Die Botschaft seiner Bilder. 258 Seiten. ISBN 978-3-86596-067-2

Bd. 7 Meehyun Chung/Elisabeth C. Miescher (eds.): Weaving Dreams – Träume weben. Festschrift zum 90. Geburtstag von Pfarrerin Dr. theol. h.c. Ruth Epting. 378 Seiten. ISBN 978-3-86596-198-3

Bd. 8 Reiner Marquard: Mathias Grünewald und die Reformation. 284 Seiten. ISBN 978-3-86596-250-8

Bd. 9 Elisabeth Bücking, Cornelia Göksu, Inge Heiling, Waltraud Liekefett und Katharina Nickel (Hg. als Vertreterinnen des ÖFCFE Deutschland): Ökumene weiblich. Frauen überschreiten Grenzen. 320 Seiten. ISBN 978-3-86596-268-3

Bd. 10 Anna Briskina-Müller/Johann Schneider (Hg.): Orthodoxie und Reformation – Mehr als ein 50-jähriger Dialog. 190 Seiten. ISBN 978-3-86596-299-7

Bd. 11 Petra Hörner (Hg.): Jakob Beringer: Evangelienharmonie. 400 Seiten. ISBN 978-3-86596-308-6

Bd. 12 Meehyun Chung: Reis und Wasser. Eine feministische Theologie in Korea. 230 Seiten. ISBN 978-3-86596-434-2

Bd. 13 Horst Friedrich Rolly: Biblische Weisungen für den Frieden. Eine Phänomenologie christuszentrierter Friedfertigkeit. 138 Seiten. ISBN 978-3-86596-477-9

THEOLOGIE / RELIGIONSWISSENSCHAFT

Bd. 14 Helmut A. Müller (Hg.): Kultur, Religion und Glauben neu denken.
Von der abrahamitischen Ökumene zur Ökumene der Religionen.
202 Seiten. ISBN 978-3-7329-0028-2

Bd. 15 Johannes Cogeler: Imagines Elegantissimae (1558) & Similitudines Accomodatae
ad Necessarias Doctrinae Coelestis (1561). Ins Deutsche übersetzt von
Margarete Schwartze-Staudt. In Faksimile mit Einleitung herausgegeben von
Peter Schwartze. 546 Seiten. ISBN 978-3-7329-0080-0

Bd. 16 Arnd Hollweg, in Zusammenarbeit mit Astrid Hollweg: Lebensgrund in Gott.
Erkennen im Glauben und Erkennen in den Wissenschaften in ihrem Verhältnis
zueinander. 736 Seiten, gebunden. ISBN 978-3-7329-0153-1

Bd. 17 Franz Oeters: Schritte zum Glauben für Zeitgenossen.
74 Seiten. ISBN 978-3-7329-0346-7

Bd. 18 Winfried Noack: Zur Freiheit befreit – Die gute Nachricht von der Freiheit
gegen die gesetzliche Unfreiheit. 160 Seiten. ISBN 978-3-7329-0481-5

Bd. 19 Gertrud Arnold: Martin Buber – Leben und Werk im Zeichen des Dialogischen.
134 Seiten. ISBN 978-3-7329-0609-3

Bd. 20 Kurt Reumann: Der erste grüne Professor. Martin Luther und sein Doktorvater
Andreas Karlstadt. 152 Seiten. ISBN 978-3-7329-1020-5

Frank & Timme

Druck:
CPI Druckdienstleistungen GmbH
im Auftrag der
Zeitfracht GmbH
Ein Unternehmen der Zeitfracht - Gruppe
Ferdinand-Jühlke-Str. 7
99095 Erfurt